Siegfried Pater • Die Angst vorm weißen Mann

Deutsche Originalausgabe

Postfach 150 106, D - 53040 Bonn, Telefax 0228 / 237967
www.retap-verlag.de
Kostenloses Gesamtprogramm beim Verlag erhältlich

Redaktionelle Mitarbeit: Christa Leinweber
Lektorat: Beate Horlemann
Karikaturen: Gerhard Mester
Umschlagfoto: picture alliance / dpa
Gedruckt in Deutschland

ISBN 978-3-931988-25-8

Siegfried Pater

Die Angst vorm weißen Mann

Big Brother, Komasaufen, Demokratiezerfall – so sieht uns die Welt

RETAP

Dieses Buch ist denen gewidmet,
die bei uns keine Stimme haben

INHALT

DANKSAGUNG

an

- Liang Congjie, Präsident der Friends of Nature, Peking / China
- Krishna Gurung, Direktor einer Leprastation in Katmandu /Nepal
- Carlos Jambo, Kameramann und Filmemacher, Maputo / Mosambik
- José Lutzenberger, Umweltminister und Träger des Alternativen Nobelpreises, Porto Alegre / Brasilien
- Osvaldo Martinez, Direktor des Kubanischen Instituts für Weltwirtschaft, Havanna / Kuba
- Abul Kalam Munir, Wissenschaftler, Unternehmer, Produzent von Arsenfiltern, Kushtia / Bangladesh
- Carlota Osorio, Internationales Rotes Kreuz, Rio de Janeiro / Brasilien
- Dom José Rodrigues, Bischof und Befreiungstheologe, Juazeiro / Brasilien
- und die vielen anderen Gesprächspartner in Afrika, Asien und Lateinamerika, die mit ihren Fragen und Anmerkungen dieses Buch ermöglicht haben

„Noch nie hat es so viel Wissen
gegeben und gleichzeitig so wenig Weisheit“

José Lutzenberger

Auf dem virtuellen Präsentierteller

„Ballack ist ein toller Fußballspieler. Wir sehen oft Bayern München im Deutschen Fernsehen", das sagen Jugendliche in der Inneren Mongolei, während ich mit Schülern aus Deutschland Bäume am Rande der Wüste Gobi pflanze, eingeladen von der nicht-staatlichen chinesischen Umweltorganisation *Friends of Nature*. „Tolle Autos habt ihr. Aber so viele, dass ihr gar nicht mehr fahren könnt, weil alle im Stau stehen."

„Ja und ich versteh das gar nicht mit dem Wasser bei euch. Ihr habt Wasser im Klo. Das ist Trinkwasser, hab ich gehört. Das versteh ich nicht. Dann hab ich eine Werbung gesehen, da kann ein Klo sprechen und das wird so sauber gemacht mit viel Putzmittel und mit viel Wasser, dass man daraus trinken könnte. Warum? Ich versteh das nicht."

„Habt ihr so eine große Hungersnot?", fragt mich einer der Kleinbauern bei Dreharbeiten in Zentralbrasilien inmitten von Sojafeldern. „Habt ihr so eine große Hungersnot?", wiederholt er noch einmal, „dass ihr so viel Soja hier bei uns kaufen müsst? Habt ihr nicht genug zu essen? Müssen wir euch deswegen helfen?" – „Wir können das", fährt der Kleinbauer fort, „weil bei uns auch viele Menschen an Hunger und Unterernährung sterben, deswegen sind wir auch gerne hilfsbereit. Aber ich habe im Internet gesehen – und ich kann mir gar nicht vorstellen, dass das stimmt –, dass ihr das Soja verfüttert und gar nicht selber esst. Und wir hier bauen immer mehr Soja an und haben immer we-

Wenn Ihnen das alte Feindbild zu sehr verblaßt ist – wie wär's denn mit diesem hier!?
ISLAM. FUNDAMENTALISMUS
KOMMUNISMUS
MÜSTER

niger Fläche, um Bohnen, Reis und andere Dinge anzubauen, die wir essen können. Stimmt das wirklich, Deutscher? Ist das so? Dass wir hier verhungern, damit eure Tiere zu fressen haben? Sag, dass das nicht stimmt. Wir wollen euch nämlich gerne helfen, aber das darf doch nicht sein!“

Und in einem Dorf, unweit von Maputo, der Hauptstadt Mosambiks, umringen mich Frauen bei einer Buchrecherche in ihren bunten Gewändern. Eine fragt: „Warum tragen die Frauen bei euch fast nichts? Warum laufen sie halbnackt herum? So, wie das bei uns vor langer, langer Zeit mal war. Ich versteh das nicht. Erkläre mir das doch einmal. Ich habe gelernt“, sagt sie weiter, „dass bei uns die Missionare dafür gesorgt haben, dass wir nicht nackt herumlaufen, sondern unsere Blößen verdecken. Und nun sehen wir Bilder aus den Ländern, wo die Missionare herkamen, wo die Frauen halbnackt herumlaufen. Warum? Sag es mir, Deutscher.“

„Stimmt es, dass ihr in Europa Rinder esst? Stimmt das wirklich?“, fragt mich ein Junge in Kathmandu, der Hauptstadt von Nepal, während der Arbeit an einem Kinderbuch. Er ist ganz entsetzt, denn bei ihm sind Kühe heilig und deswegen ist es für ihn einfach unvorstellbar. Sein Vater kommt dazu und sagt: „Ja, und ich habe im Internet gesehen, dass ihr so viel Fleisch esst, dass ihr sogar krank davon werdet. Das kann ich mir nicht vorstellen, warum macht ihr das? Stimmt das? Oder ist das alles falsch?“

In Kuba diskutieren Journalisten und Schriftsteller während eines Kongresses mit mir über die Politik in Deutschland und in Europa. Sie beklagen die engen Möglichkeiten im eigenen Land, als Autoren, als Journalisten, als Filmemacher zu berichten. Aber sie sind völlig verwirrt, wenn sie hören bzw. in den einschlägigen Medien sehen, dass bei uns die Demokratie völlig den Bach runter geht, dass immer weniger Menschen wählen gehen, dass die Politiker dauernd Gesetze erlassen, die gegen den Willen der Mehrheit der Bevölkerung sind. Dass die Volksparteien im Grunde genommen ihren Namen nicht mehr verdienen. Dass Wahlkampfschlachten geführt werden. Dass dann die Parteien, die sich vorher stark unterschieden haben, nach den Wahlen versuchen, wieder zusammenzukommen, um zu regieren, was aber in letzter Zeit immer weniger klappt. Sie fragen mich, „Wie sollen wir das verstehen? Das wollt ihr uns unbedingt hierherbringen? Wir wünschen uns mehr Freiheit, mehr Demokratie, aber doch nicht so. Soll das heißen, ihr könnt im eigenen Land nicht mehr das erreichen, was ihr wollt, aber wir sollen euch alles nachmachen? Ihr seid ein schlechtes Beispiel für uns. Warum, was ist passiert?"

Im Zeitalter von Satellitenfernsehen und Internet gehen nun mal die Bilder schneller um die Welt und erreichen immer mehr Menschen auch in ganz fernen Ländern und ganz abgelegenen Gebieten. Und so fragen sich die Menschen in den Ländern des Südens immer häufiger: Was ist aus dem Land der Dichter und Denker geworden? Wenn man als Journalist, als Buchautor, als Filmemacher auftritt und in allen Kontinenten arbeitet, dann spürt man diese Unsicherheit zunehmend. Bei mir häufen sich die vielen, vielen Fragen und die vielen Kommentare, die ich in diesem Buch aufgeschrieben habe und weitergebe, um zu zeigen, wie besorgt die Menschen über die Entwicklung bei uns in Deutschland, Europa oder überhaupt in den westlichen Industrieländern sind. Waren wir doch immer ein Vorbild für sie. Zunehmend orientierungslos sind sie, oft so verunsichert, dass sie einen mit Fragen überhäufen.

Und so bekommt vielleicht auch mancher, der in der sogenannten Dritten Welt Urlaub macht, bei Kontakten mit Einheimischen ähnliche Fragen gestellt. Wir repräsentieren immer, wenn wir in Überseeländer reisen, unser Heimatland und sind so etwas wie Botschafter, ob wir das wollen oder nicht. Deshalb müssen wir uns auch Gedanken machen über das, was wir von diesen Menschen zu hören bekommen. Diese Gespräche sind aber auch immer wieder ein großer Gewinn für uns, denn wir bekommen einen Spiegel vorgehalten, der deutlich macht, wie wir gesehen werden. Und so manches stimmt uns nachdenklich, weil wir sehen, dass wir durch die fremde Brille auf Probleme und Unmenschlichkeiten im eigenen Land hingewiesen werden.

Insbesondere unsere Arroganz, die durch Begriffe wie Entwicklungshilfe und Entwicklungsland deutlich wird, wird entlarvt. Denn wir haben unsere Art zu leben zum Maßstab der Entwicklung erhoben, und nun gehen wir einen Weg, der für viele nicht nachvollziehbar ist und der sogar immer mehr Menschen in der Dritten Welt richtiggehend Angst macht. Sie bekommen natürlich ein selektives Bild über das Satellitenfernsehen und das Internet vermittelt. So beobachten sie beispielsweise mit Entsetzen die Medienwelle über die Suche nach besonderen Genen bei Juden und Muslimen.

Sie sehen, wie Deutsche sich in die Container von „Big Brother“ einsperren lassen, wie sie zum Komasaufen nach Mallorca fliegen, wie Schüler als Amokschützen auftreten, wie deutsche Soldaten in die Dritte Welt gehen, um dort für die Entwicklung des eigenen Landes Rohstoffe zu sichern, während offiziell gesagt wird, dass unsere Sicherheit am Hindukusch verteidigt werden muss. Und sie fragen sich natürlich immer häufiger: „Wo soll das enden?“

Wir kennen das umgekehrt aber auch, denn wir sehen über die Dritte Welt auch nur bestimmte Dinge. Immer nur Katastrophen, wir sehen Überschwemmungen, Dürren. Wir sehen Hunger und Krankheit. Aber das ist nicht das ganze Bild der Milliarden Menschen. Viele Menschen leben in normalen Verhältnissen, sie haben einen Alltag, der sich oftmals nicht so sehr von unserem unterscheidet. Sie haben kulturell sehr viel zu bieten, sie haben eine wunderbare Musik, sie haben große Literaten, in den Schulen wird viel gelehrt über uns in Europa, sodass viele Schüler und Schülerinnen dort in den Ländern mehr wissen

Die Bildschirme werden immer flacher...!
Nicht nur die Bildschirme!!

über uns, über Böll und Goethe, als wir umgekehrt über Schriftsteller in der so genannten Dritten Welt.

Gerade in den großen Städten und natürlich ganz besonders in den Hauptstädten der Länder des Südens, wie z.B. in Dhaka in Bangladesh, Katmandu in Nepal, Peking in China sowie Maputo in Mosambik oder Brasilia in Brasilien und Havanna in Kuba, habe ich die interessantesten Gespräche geführt. Aber auch oft die beschämendsten. Denn die gebildeten Menschen in den Städten haben sehr viele Eindrücke und sehr genaue Vorstellungen von Missständen bei uns, da diese eben in den Medien ganz besonders hervorgehoben werden. Und so habe ich die interessantesten und wichtigsten Gespräche natürlich mit denen geführt, die Zugang zu den internationalen Medien haben, die über eine gute Schulbildung verfügen, die Fremdsprachen sprechen. Dort habe ich die meisten Quellen für dieses Buch erschlossen.

Besonders überrascht war ich aber über die Kommunikation mit den Menschen in ganz entlegenen Gebieten, z.B. im Amazonasgebiet oder in Zentralasien, wo ich immer wieder mit kritischen Fragen bombardiert wurde. Und gerade dort habe ich bei den Menschen einen besonderen Instinkt erlebt, weil sie der Natur stärker verbunden sind und noch mehr über fragwürdige Entwicklungen in den reichen Ländern staunen.

Solche Gespräche sind in diesem Buch gesammelt und nach verschiedenen Themen wie Ökologie, Gesundheit, Militär, Religion, Bildung, Kultur und Entwicklungshilfe geordnet.

Es sind die Themenkomplexe, die am meisten angesprochen wurden. Im Gegensatz zu Diskussionen bei uns in Deutschland werden die Bereiche Politik und Wirtschaft in der Dritten Welt nicht losgelöst beobachtet. Man sieht in ihnen interessanterweise viel stärker Handlungsfelder, die allen aufgeführten Bereichen dienen sollen.

Nicht unerwähnt darf bleiben, dass die oft sehr kritischen Stimmen aus Asien, Afrika und Lateinamerika natürlich nicht nur uns betreffen, sondern häufig auch die Eliten im eigenen

Land. Eliten, die aber leider oft von uns aufgebaut und hofiert werden. Doch dies ist nicht das Thema dieses Buches. Mit der Veröffentlichung soll bewusst ein Gegengewicht geschaffen werden, denn oberflächliche Berichterstattung über korrupte Politiker, Umweltkatastrophen und hungernde Menschen in der Dritten Welt bekommen wir täglich genug geboten. Deshalb ist es an der Zeit, der ebenso subjektiven anderen Sichtweise eine Chance zu geben. Sie werden bei der Lektüre Vorurteile entdecken, und dies hoffentlich zum Anlass nehmen, über unsere eigenen Vorurteile nachzudenken.

Naturreservate und Verschmutzungszertifikate

„Warum beschwert ihr euch in Verbrauchermagazinen im Internet über Gifte in landwirtschaftlichen Produkten aus Brasilien. Das sind doch Gifte von euren Pharmakonzernen, die bei euch wegen der gesundheitsschädlichen Wirkung schon lange verboten sind, die ihr uns aber immer noch verkauft. Nun bekommt ihr das Gift zurück auf den Teller, das ist die Rache der Dritten Welt."

Landwirt in Brasilien

Wie habt ihr es in den Industrieländern nur geschafft, die unendlich großen Meere so zu verseuchen, dass die Fische schon darunter leiden? Wie habt ihr es geschafft, die riesige Luftmenge rund um den Globus zu verpesten? Und wie könnt ihr jetzt auch noch so weit gehen, den Weltraum mit Müll zu überhäufen, sodass eure eigenen Satelliten Gefahr laufen zu zerschellen? Ich habe gelesen und dann auch noch im Internet bestätigt bekommen, dass es schon zwanzigtausend große Trümmer im Weltraum gibt und sehr viele Leute damit beschäftigt sind, sie zu orten, damit alle, die sich im Weltraum bewegen, diesen Trümmerteilen ausweichen können. Wie könnt ihr so verrückt sein, den riesigen Weltraum auch noch zur Müllhalde zu machen? Und dann verstehen wir nicht, warum ihr, wenn ihr das alles schon angerichtet habt, immer nur davon redet, dass

Weiter, Jungs! Die Regierung braucht Papier für ihre Resolutionen zur Rettung des Regenwaldes!!

für die Ökologie Millionen und Milliarden Dollars ausgegeben werden müssen. Ökologie kostet kein Geld. Ihr müsst einfach diesen Unsinn lassen. Einfach nicht mehr diese Verschmutzungen verursachen. Ökologie ist kostenlos. Ihr aber macht aus der Beseitigung der Schäden auch noch ein Geschäft. Das ist für uns unbegreiflich. Ihr habt den Kontakt zu einer intakten Natur absolut verloren. Ihr kennt nicht mehr den Zusammenhang, wie alles ineinander spielt, wie wir das hier am Amazonas tagtäglich sehen. Da hat jede Pflanze, jedes kleine Tierchen eine Funktion. Alles ist miteinander verwoben, und man darf es nicht aus dem Gleichgewicht bringen. Ihr seid inzwischen davon so weit entfernt, dass ihr den Zusammenhang schon gar nicht mehr kennt. Ihr seid für Naturreservate. Ihr macht das bei euch, ihr wollt das auch bei uns machen. Um Gottes willen, was heißt das? Wir müssen die Natur vor den Menschen schützen? Wie traurig! Ihr erfindet so perverse Dinge wie Verschmutzungszertifikate. Da handelt ihr mit Rechten, die es euch erlauben, die Umwelt zu verschmutzen. Daraus macht ihr dann auch wieder ein Geschäft und handelt hin und her, über Grenzen hinweg. Wenn ihr zu viel Müll habt, und vor allem, wenn ihr besonders gefährlichen Müll habt, bringt ihr ihn in die Dritte Welt. Dort wird er schlechter gelagert, weil die Armut so groß ist, dass die Menschen alles tun, nur um zu überleben, und das nehmt ihr in Kauf. Ihr lebt mit einem Konsum, in einer Konsumwelt, für die so viel produziert wird. Alles Dinge, die ihr nicht unbedingt braucht, und dann wisst ihr nachher nicht mehr, wohin mit dem Müll. Und der landet dann auf den Mülldeponien bei uns. Habt ihr darüber schon einmal nachgedacht?

Die Länder des Südens liefern euch das meiste Öl, und ihr habt alles darauf aufgebaut, eure gesamte Industrialisierung. Aber das Öl geht zu Ende, es wird immer schwieriger dranzukommen, ihr müsst immer tiefer bohren, in immer weiter abgelegenen Gebieten, bis hin zu den Naturschutzgebieten. Aber ihr tut immer noch so, als gäbe es unendlich viel Öl. Bald, aber so sagen eure Wissenschaftler ja auch schon, wird der Punkt erreicht sein, wo ihr mehr Öl braucht, als gefördert wird. Einige sprechen von ein paar Jahren und dass dann das große Elend für euch beginnt. Ihr wisst das. Ihr wisst das alles sehr genau, aber ihr hört nicht hin, oder ihr wollt nicht hinhören und macht immer weiter.

Ihr holt über lange, lange Wege bei uns so viele Nahrungsmittel, denn dann ist das, was bei euch auf den Tisch kommt, billiger, als wenn ihr es z.B. von eurem Nachbarn im eigenen Land kauft. Dafür gibt es genügend Beispiele aus Südamerika. Ihr bekommt Äpfel zum Beispiel aus Chile, die sind billiger als die Äpfel vom Nachbarn in Deutschland. Da stimmt doch etwas nicht. Versteht ihr das nicht? Das wird zu Ende gehen, wenn das Öl endlich teurer wird, denn dann werden normale Verhältnisse eintreten. Wir werden dann wieder mehr Nahrungsmittel im eigenen Land behalten, und ihr werdet euch umgucken. Ihr werdet auf einmal merken, dass ihr überbevölkert seid, so wie es angeblich bei uns in der Dritten Welt sein soll. Die meisten Gebiete hier bei uns sind dünn besiedelt und wir könnten alle wunderbar versorgt sein, wenn wir die landwirtschaftlich nutzbaren Flächen für uns selbst nutzen könnten und nicht, um die Tische bei euch in den reichen Ländern zu decken.

Ihr aber schafft mit den Ozeanriesen alles außer Landes, was wir anbauen. Und diese Ozeanriesen verseuchen auch noch die Weltmeere. Mit ihrem Schweröl, das sie getankt haben, machen sie das Wasser kaputt, sodass die Fische sterben und damit ein riesiger Reichtum für uns auch noch verloren geht. Denn ihr wisst ganz genau und sagt das auch im Fernsehen und im Internet, dass ein Drittel der Bevölkerung bei uns in der Dritten Welt vom Fischfang lebt. Ja, mein Gott, warum sagt ihr das und zerstört trotzdem die Meere, obwohl es euch selber schadet und uns umbringt?

Überhaupt: euer Wissen. Noch nie hat es so viel Wissen gegeben über die globalen Zusammenhänge, über die Klimaerwärmung, über die Verschmutzungen in allen Bereichen des täglichen Lebens. Noch nie waren die Menschen in den Industrieländern so klug. Aber noch nie hat es so wenig Weisheit gegeben, das umzusetzen. Warum jammert ihr einerseits herum, dass die Welt vor dem Untergang steht, ihr fürchtet euch vor großen Überschwemmungen, die eure eigenen Länder im Wasser der Meere ersaufen lassen können, und schafft es gleichzeitig nicht, dem Einhalt zu gebieten? Ist das Demokratie, dass einige, die davon profitieren, das Sagen haben und die anderen den Mund halten? Dann wollen wir keine Demokratie. Dann kommt das für uns nicht in Frage.

Oder nehmen wir die Luft: Ihr blast mit euren Fabriken und vor allem mit euren Autos die Luft voller Schadstoffe, und ihr wisst, dass das zur Klimakatastrophe führen wird. Eure Autoproduzenten freuen sich darüber, dass sie in aller Welt verkaufen und genau dieses Problem auch noch in die Dritte Welt tragen. In einigen Länder ist es ja auch schon passiert, wie z.B. bei uns in China. Seid ihr jetzt stolz darauf? Habt ihr wirklich so lange mit Hilfe einer Politik, die Wirtschaftsverträge abschließt, um eine Marktöffnung gerungen, damit bei uns in China eine Schicht von Profiteuren entsteht? Das war gar nicht leicht für euch, da musstet ihr sehr, sehr viele Verhandlungen führen. Nun habt ihr es erreicht: Unsere Großstädte sind vom Verkehrskollaps bedroht. Das Auto bleibt deshalb meistens vor der Tür. Aber es ist ein Prestigeobjekt, so wie ihr es uns vorgemacht habt. Und deswegen freut sich ein reicher Chinese schon, wenn er das Auto nur vor der Tür stehen hat, auch wenn er gar nicht mehr damit fahren kann, weil die Stadt ein einziger Stau ist. Seid ihr jetzt glücklich?

Schlimm ist, dass wir im Internet und über das Satellitenfernsehen dann auch wieder mitbekommen, dass ihr euch aufregt. Ihr kritisiert uns, dass wir so unvernünftig sind und mit unseren Autos den Globus noch schneller zum Erwärmen bringen. Ja, woher haben wir das denn? Warum habt ihr das nicht vorher gesagt? Warum seid ihr nicht klug genug gewesen, um so etwas vernünftig anzugehen und andere Möglichkeiten der Fortbewegung zu propagieren? So, wie ihr das jetzt langsam und viel zu spät und zu zögerlich bei euch versucht? Nein, ihr bringt uns genau das, was euch kaputt macht. Vielleicht wollt ihr lieber mit uns zusammen vor die Hunde gehen.

Ihr in Deutschland nennt euch Exportweltmeister, und ihr seid mächtig stolz darauf, dass ihr z.B. nach der Finanzkrise, die euch etwas eingeschränkt hat, nun wieder rund um den Globus riesige Mengen Autos exportiert. Ihr freut euch darüber. Ihr seid Wachstumsfetischisten. Ihr könnt gar nicht genug bekommen in eurer Gier nach immer mehr Umsatz. Ihr glaubt an den Gott des Wachstums. Es gibt kein ewiges Wachstum, alles ist begrenzt, aber das Gegenteil wird euch immer wieder eingehämmert. Und ihr seid mittlerweile alle durch eine regelrechte Gehirnwäsche davon überzeugt. Schaut euch um bei uns in der Natur. Ihr werdet sehen, alles ist begrenzt. Jedem Wesen in der Natur wird eine Grenze gesetzt, es muss sich mit Konkurrenten auseinandersetzen, setzt sich eine Zeitlang durch, lebt, stirbt. Alles ist ein Kreislauf. Die Leichen des einen werden zum Humus für den anderen. So ist es in der Natur. Aber ihr meint, es geht auf eure Art immer so weiter. Dass unendlich viele Ressourcen vorhanden sind und unendlich große Löcher, in die man die Abfälle hineinwerfen kann. Beides ist aber falsch. Ihr handelt gegen die Gesetze der Natur, und das rächt sich. Jetzt bedauert ihr die vielen Überschwemmungen, die vielen Dürren, und sammelt Spenden für die Opfer. Ja, Gott im Himmel, ihr leugnet die Ursachen und klammert euch an falsche Propheten, die sagen, dass das schon immer so war. Ich glaube, ihr müsst selber erst im Wasser oder im Feuer stehen, bevor ihr merkt, dass doch an dem etwas daran ist, was die Kritiker auch bei euch in den eigenen Reihen schon lange sagen. Aber sie werden ja oft mundtot gemacht oder bekommen die Medien nicht als Sprachrohr. Das sollen wir gut finden? Ihr sprecht über Zensur bei uns. Zu Recht. Denn in vielen unserer Länder gibt es eine Zensur. Aber ihr habt auch eine. Denn das freie Denken, das kritische Denken ist bei euch auch nicht besonders gefragt. Vor allem, wenn es an die Substanz geht, an den Reichtum. Euer Wachstumsmodell ist *die* Katastrophe für die ganze Welt. Und ihr weicht nicht jetzt davon ab, sondern vielleicht erst dann, wenn es wirklich zu spät ist.

Nehmen wir doch einmal das Leben der Reichen bei euch. Die Millionäre, die Milliardäre. Wohin gehen sie, wenn sie alles kaputt gemacht haben? Sie kaufen sich Häuser in Gegenden, in denen es noch besser ist, wo die Natur noch ein bisschen mehr intakt ist. Sie bauen sich Villen, fahren mit Yachten hinaus aufs Meer. Versuchen noch gutes Wasser, gute Luft zu ergattern. Und die nicht ganz so Reichen bei euch, also die, denen es nicht so schlecht geht, die machen sich als Ferntouristen ein paar schöne Wochen weit ab in der Dritten Welt. Besuchen uns dann auf unseren Inseln, essen holländische Butter und trinken schottischen Whiskey, damit sie ja alles haben, an das sie zu Hause auch gewöhnt sind, und genießen für kurze Zeit sauberes Wasser und saubere Luft. Aber auch hier holt euch nämlich das Problem ein: eure Art zu leben, euer Wachstumsdenken, euer zerstörerisches Wirken, das den Planeten zugrunde richtet. Denn die Katastrophen, die immer häufiger stattfinden, fallen gerade bei uns so heftig aus. Ihr habt keinen Grund, euch zu beklagen, denn die Hauptleidtragenden sind wir in unseren Ländern, wobei ihr mit eurem Wirtschaftsmodell die Verursacher seid. Jetzt erwischt es euch eben auch. Vielleicht lernt ihr endlich, dass man von den Problemen keinen Urlaub machen kann. Und dass es demnächst auch kein ‚Woanders' mehr gibt. Aber wenn wir dann übers Internet und Satellitenfernsehen mitbekommen, dass die USA schon üben, wie sie die Erdbevölkerung am besten auf den Mars oder auf andere Planeten evakuieren können, denken wir: Mein Gott, wie können erwachsene Menschen ernsthaft solche Dinge vorhaben? Sie rechnen also schon damit, dass diese Erde untergeht, und suchen für die Superreichen Lösungen. Denn keiner wird ja wohl annehmen, dass Milliarden von Menschen evakuiert werden können. Das ist so ähnlich, wie bei euch nur für wenige Menschen Bunker gebaut werden, für die Politiker und für die Reichen. Der Rest kann ruhig untergehen. Man baut auch ganz besonders atomsichere Bunker für einige wenige Menschen, der Rest soll im Atomkrieg sterben. Und das duldet ihr? Wir verstehen euch nicht. Warum lasst ihr das alles zu? Ihr habt Medien, die darüber berichten. Wir bekommen das ja sogar hier mit. Wir hier wissen das. Und wir würden uns gerne mit euch zusammen dagegen wehren. Aber ihr in eurem eigenen Land, in einer Demokratie, ihr wehrt euch nicht. Warum duldet ihr das alles? Seid ihr taub? Seid ihr blind? Was ist geschehen?

Klimawandel: Deutschland denkt um!

Gesundheit als Ware

„Im Internet sah ich, dass die Deutschen mehr Diätbücher kaufen als Literaturveröffentlichungen. Und noch schlimmer: es gibt Hungerseminare bei euch, wo ihr viel Geld dafür bezahlt, dass ihr fast nichts zu essen bekommt!"

Rikschafahrer in Bangladesh

Ihr belächelt unsere Schamanen, weil ihr sie nicht versteht. Aber was macht ihr denn? Eure Medizin ist zu einem neuen Glauben geworden. Ihr glaubt an die Götter in Weiß, die eine Medizin aufgebaut haben, die ihr nicht mehr versteht und die unbezahlbar ist. Ihr verliert dabei völlig aus den Augen, dass Gesundheit mehr ist als die Abwesenheit von Krankheit. Zur Gesundheit gehört das völlige Wohlbefinden, sowohl körperlich als auch seelisch. Ihr aber vermarktet die Gesundheit. Für euch zählen immer neue Rekorde, z.B. bei den Transplantationen. Es gibt sogar Mehrfach-Transplantationen, bei denen der Patient mehrere Organe auf einmal bekommt, egal wie lange er überlebt, auch egal wie teuer das ist, und es ist auch egal, wo die Organe herkommen. Notfalls weicht ihr eben auf die Dritte Welt aus. Ihr schreckt nicht davor zurück, euch in Ländern wie Brasilien oder Indien Organe von armen Menschen einpflanzen zu lassen. Außerdem braucht ihr für eure Intensiv-Medizin Blutprodukte. Euer freiwillig gesammeltes Blut reicht längst nicht mehr. Ihr

bittere Wahrheiten

sammelt es deshalb in der Dritten Welt und nutzt unsere Armut aus. Wir bekommen ein paar Dollar dafür und ihr macht wichtige, teure Medikamente daraus.

Und dann jammert ihr auch noch, dass das Gesundheitswesen bei euch immer teurer wird. Wie passt das zusammen? Das müsst ihr doch verstehen, dass eine Medizin, die immer wieder die neuesten Techniken anwendet und den größten Aufwand betreibt, nicht für alle bezahlbar ist. Warum macht ihr euch was vor? Wir kennen das schon seit ewigen Zeiten. Aber ihr tut so, als wäre alles in unendlicher Menge da. Unendlich viele Ärzte, unendlich viele menschliche Ersatzteile, unendlich viel Geld, um das alles zu bezahlen. Das stimmt doch nicht. Glaubt doch nicht denen, die daran verdienen.

Wenn wir sehen, wie eure Götter in Weiß im Fernsehen auftreten und von Rekorden sprechen, was sie mit der neusten Technik alles machen können, dann fragen wir uns: Kann das jeder haben? Nein, auch bei euch nicht. Und bei uns? Bei uns schon gar nicht. Aber ihr seid blind, ihr wollt das nicht sehen. Überhaupt ist eure Medizin auf dem falschen Weg. Ihr habt viele Dinge erfunden, viele technische Errungenschaften, aber ihr wisst nicht damit umzugehen. Wir erleben im Internet und im Satellitenfernsehen, dass bei euch ganz viele Krankheiten in den Krankenhäusern übertragen werden. Es gibt Beiträge, in denen ihr über die unhygienischen Zustände in den Krankenstationen der Dritten Welt berichtet. Dabei seid ihr es, die Keime züchten, die ihr nicht mehr besiegen könnt und gegen die keines eurer Medikamente mehr wirkt. Was ist da schlimmer? Warum seht ihr das nicht? Ihr habt so viele Antibiotika angewendet und auch uns damit so überschwemmt, dass die Bakterien immer resistenter werden. Überall auf der Welt. Auch hier gibt es eine Grenze. Nun steht ihr da, staunt und wisst nicht mehr ein noch aus. Eure Rohstoffkonzerne zerstören unsere Urwälder. Und in anderen Berichten, die wunderbar sind, lobt ihr den Urwald als die größte Apotheke der Welt, alles in einem Sender. Einerseits das Lob über die größte Apotheke der Welt, andererseits zeigt ihr, wie ihr mit euren Tropenholzkäufen, mit Erzen und Gold aus unseren Tropenwäldern dazu beitragt, dass der Urwald gerodet wird. Und zwar in einem solchen Ausmaß, dass es bald keinen mehr geben wird, weil der Rest Urwald von selbst zusammenbricht. Das wisst ihr. Schauen wir uns allein die Rinderzucht in großen ehemaligen Urwaldgebieten an oder den Sojaanbau. Wie könnt ihr nur unsere gemeinsame Apotheke zerstören, um solche Konsumgüter besonders billig zu bekommen? Ganz abgesehen davon, dass sie auch die Klimaanlage der Welt ist und ihr das auch klimatisch zu spüren bekommt. Ihr seid doch so gebildet, ihr seid doch so stolz darauf. Und zu Recht, ihr habt große Denker hervorgebracht. Und wir staunen über die vielen, vielen Veröffentlichungen, über das große Wissen, das wir gerne von euch annehmen. Aber wir verstehen nicht, wie wenig ihr aus dem Wissen macht. Ihr seid schizophren. Wir können uns das nicht anders vorstellen. In jedem von euch gibt es zwei Seelen. Die eine, die nur ans Geldverdienen denkt und ohne Rücksicht auf Verluste konsumiert, Hauptsache billig und so viel wie möglich, und die andere, die Angst vor den Auswirkungen hat. Zwei Seelen in einer Brust, das geht nicht gut. Ihr gehört wirklich bald in psychiatrische Behandlung, alle!

Wir hören in Beiträgen und sehen im Internet, dass es in vielen Ländern schon normal ist, Depressionen zu haben, und dass man zum Psychiater geht. Man hat seinen Psychiater, hören wir, sehen wir. Mein Gott, ist das die Entwicklung, die ihr uns aufzwingen wollt? Soll das unser Vorbild sein? Nein, das wollen wir nicht.

Dass Gesundheit mehr ist als nur Medizin, das sieht man ja ganz deutlich daran, dass ihr euch z.B. krank esst und euch zu wenig bewegt. Und wie geht ihr damit um? Ihr esst zu viel, meistens Dinge, die es bei uns nicht mehr zu essen gibt, weil wir euch den Tisch mit Produkten decken, die von unseren Feldern stammen. Wir sind für euch doch nichts anderes als Vorgärten. Wir sind die Vorgärten der Industrienationen. Wir selber haben zu wenig und müssen hungern. Ihr esst zu viel und werdet krank.

Und dann stellen sich die Dickleibigen auch noch öffentlich zur Schau. Ihr macht im Fernsehen große Unterhaltungsserien, in denen übermäßig Dicke zum Spaß der Zuschauer abzunehmen versuchen. Also macht ihr daraus auch wieder ein Geschäft und noch dazu Vergnügen. Wie kann man das tun? Wir finden das würdelos. Für die, die sich zeigen, und noch schlimmer für die, die sich das anschauen. Und dann bewegt ihr euch zu wenig, da ihr immer mehr von Maschinen erledigen lasst. Ihr sitzt nur noch am Computer, glotzt auf den Bildschirm und lebt nicht mehr richtig, bewegt euch nicht mehr, und nehmt zu, da ihr obendrein noch falsch esst. Billig, Fastfood, nur immer billig und vorgefertigt, nichts Natürliches mehr, und davon werdet ihr dick und krank. Wegen der mangelnden Bewegung geht ihr dann in Fitnessstudios, wo wieder große Apparate stehen und wo ihr euch mit viel Aufwand und Technik wieder alles runterschwitzt. Erst gebt ihr Geld aus, damit ihr zunehmt, und dann gebt ihr weiteres Geld aus, damit ihr wieder abnehmt. Das können wir nicht verstehen. Das könnt ihr auch nicht von uns verlangen. Sie ist unlogisch, die ganze Sache mit der Ernährung. Wir sehen zum Beispiel in eurer Werbung, wie ein Model in einen Hamburger beißt. Dieser Konzern, der das macht, McDonald's, ist auf der ganzen Welt bekannt. Auch bei uns, leider. Wenn ein Model wie Heidi Klum in der Werbung auftritt, unendlich viel Geld dafür bekommt, dann glauben die Mädchen und jungen Frauen: Ich muss nur in den Hamburger beißen, dann sehe ich auch aus wie Heidi Klum. Die Rechnung geht auf, haben wir im Internet gelesen. Es gehen jetzt mehr junge Frauen und Mädchen zu McDonald's. Die Werbung war ganz gezielt auf sie ausgerichtet. Das soll klug sein? Ihr wollt bewusst sein? Ihr habt den Kontakt zum wirklichen Leben verloren. Ihr versteht nicht mehr, wie die Zusammenhänge sind. Wie das mit dem Essen, mit der Bewegung, mit der Natur ist. Ihr glaubt doch nur denen, die das alles verkaufen wollen. Und denen ist es egal, ob sie etwas verkaufen, was euch krank macht, denn sie verdienen ja auch wieder am Bekämpfen der Krankheit. Und das versteht ihr nicht, obwohl es ständig auch in guten Filmen und guten Informationen überall in den Medien durchaus kritisch gezeigt wird? Was ist das wieder für eine Schizophrenie? Warum schaut ihr nicht genau hin? Es ist doch immer wieder das gleiche Prinzip. Warum lehnt ihr das nicht ab? Warum spielt ihr mit eurer Gesundheit, einem so kostbaren Gut? Wie kann das sein? Es ist euch doch so wichtig. Ihr sagt doch immer, dass wir hier in der Dritten Welt so krank sind und dass ihr so gesund seid. Wir leben in Armut und wir haben Krankheiten, die man mit wenig Geld behandeln könnte. Aber ihr, ihr habt Wohlstandskrankheiten, die ihr euch für viel Geld erst einmal anschafft. Es ist zum Verrücktwerden, wenn wir das hier sehen. Wenn ihr ein bisschen weniger essen würdet, wenn ihr euch ein bisschen mehr bewegen würdet, würdet ihr so viel Geld sparen und gesünder sein.

Und ihr müsstet nicht mehr so viel von unseren Feldern ernten, hier von uns aus der Dritten Welt. Dann hätten wir mehr zu essen und auch eine Chance, gesund und einfach zu leben.

Sonntägliche Freizeitchristen

„Ihr habt Angst vor unserer Theologie der Befreiung. Deshalb zitiert ihr unseren Erzbischof Dom Helder Camara höchstens einmal spät abends im Fernsehen: ‚„Gebe ich einem Armen ein Stück Brot, bin ich ein Heiliger, sage ich ihm aber, warum er arm ist, bin ich ein Kommunist.'"

Priester in Brasilien

Als Kardinal Ratzinger zum Papst gewählt wurde, stand bei euch in den Medien: Wir sind der Papst. Eigentlich müsstet ihr euch dafür schämen, denn Kardinal Ratzinger hat uns hier in Lateinamerika, und vor allem in Brasilien, unendlich geschadet. Er war vom Vatikan beauftragt, unsere Bischöfe und Kardinäle zu bespitzeln. Wie zum Beispiel unseren beliebten Kardinal Arns in São Paulo. Bei einem Besuch hat Ratzinger in dessen Bibliothek und in Unterlagen nach Beweisen dafür gesucht, dass Arns ein Kommunist sei. Er suchte Bücher von Marx und Lenin. Was für eine Schande! Und so einer wird tatsächlich später auch noch Papst! Wir hier in Brasilien, wir haben mit dem Kommunismus nichts zu tun. Wir wissen nicht einmal, dass Marx einen Bart hatte. Die meisten Menschen haben noch nie etwas von ihm gehört.

Hier gibt es die Theologie der Befreiung, darunter versteht man eine besondere Art, die Bibel auszulegen, die besagt, dass

Wir dürfen stolz sein auf unsere tapferen Vorfahren. Sie haben Amerika vor 500 Jahren das Kreuz gebracht!!
MESTER

alle die gleichen Rechte haben. Ihr seid doch auch Christen und müsstet das genauso sehen. Später war euer deutscher Papst hier bei uns in Brasilien und hat gesagt, dass unsere Vorfahren vor 500 Jahren darauf gewartet hätten, dass das Christentum sie endlich erlöst. Was für eine Beleidigung! Denn ihr Europäer habt sie überfallen, habt ihnen ihr Land weggenommen, habt gemordet, und sie sollen auf euch und eure Erlösung gewartet haben? Was für eine infame Lüge! Im Internet und im Fernsehen habe ich gesehen, wie ihr darlegt, dass der Papst bei uns sehr beliebt sein soll, dass er bei uns herzlich willkommen gewesen ist und dass es nur wenige kritische Stimmen zu seinem Besuch gegeben hätte. Aber das stimmt nicht! Wir waren entsetzt über das, was er sagte, und die Medien waren voll davon, dass wir als Brasilianer uns beleidigt gefühlt haben. Natürlich gibt es auch bei uns Menschen, die wenig nachdenken und deswegen unkritisch klatschen, trotzdem ist eine sehr große Welle der Empörung durch unser Land gegangen. Deswegen überlegt euch, ob es wirklich euer Papst ist oder ob ihr nicht in Wirklichkeit einen anderen Papst gewollt und auch verdient hättet. Ich habe das Gefühl, dass ihr eigentlich nur Freizeitchristen seid. Ihr unterscheidet immer zwischen dem, was ihr bei eurer Arbeit weltweit für die Globalisierung tut und was ihr sonntags macht, wenn ihr in die Kirche geht. Das wollen wir nicht, in unserer Theologie der Befreiung geht es um das ganze Leben, um unsere Arbeit, um unsere Würde, um unser Auskommen, um Gerechtigkeit. Und es geht um unseren Kampf gegen die Knechtschaft der Reichen. Aber ihr versteht das wohl nicht.

Leider hat die Kirche bei euch schon immer eine traurige Rolle gespielt, wenn es um die Gerechtigkeit ging. Ihr wollt es nicht mehr hören. Aber es muss trotzdem gesagt werden, auch wenn die Jüngeren natürlich nichts dafür können. Ihr dürft nicht vergessen, dass die Kirche eine Geschichte hat, auch im Dritten Reich. Dass sie nicht energisch genug gegen die Judenverfolgung vorgegangen ist. Sie hat nicht das getan, was sie als christliche Kirche hätte tun müssen, nämlich Barmherzigkeit zu zeigen und in den Widerstand gegen das Naziregime zu gehen. Natürlich gab es einzelne Priester, die ihr Leben eingesetzt haben. Das gibt es immer, auf der ganzen Welt, wenn es um Diktatoren geht und um Ungerechtigkeit. Aber die Kirche als Institution hat kläglich versagt und sich damit mitschuldig gemacht an dem Mord an Millionen Juden, Homosexuellen, Kommunisten und Gewerkschaftern. Überhaupt, eure Angst vor dem Kommunismus: Ihr diffamiert andere Länder, wenn sie Gerechtigkeit wollen und sich diese von sozialistischen Strukturen erhoffen. In eurem System darf jeder alles sagen. Aber wenn man das System, den Kapitalismus, infrage stellt, dann wird man zum Staatsfeind. Das ist in unseren Augen nicht richtig. Ihr in Deutschland habt da besondere Probleme. Im Fernsehen wird gezeigt, dass in anderen europäischen Ländern kommunistische und sozialistische Parteien durchaus üblich sind. Sie gehören dazu, und man hat keine Angst vor ihnen, sie sind oft eine Bereicherung, weil sie die Politik derer, die das große Geld haben, korrigieren. Ihr hättet das in Deutschland auch sehr nötig. Wenn also die Kommunisten immer so diffamiert werden, dann geht es auch darum, dass sich die Reichen ihre Pfründe erhalten und keine neuen Ansätze zulassen wollen. Dabei habt ihr sowieso ein eigenartiges Verständnis von Demokratie, das wir in unserer Kirche in Brasilien nicht unterstützen wollen. Eure Parteien mit dem C im Namen sind doch besonders offensichtlich auf der Seite der Reichen. Sie setzen sich für Kriege ein, sie sind nicht dafür, dass die Menschen wieder mehr Mitbestimmung bekommen und mehr am Reichtum teilhaben. Dafür sind sie doch sehr auf der Seite derer, die gut verdienen, und das verstehen wir nicht. Wenn man das C im Namen ernst nimmt, dann muss man sich auch bedingungslos für christliche Werte einsetzen.

Ihr könntet von uns und der Theologie der Befreiung lernen. Denn wir haben eine ganz andere Vorstellung von dem, was Politiker eigentlich zu tun haben. Anscheinend habt ihr vergessen, dass die Politiker von euch gewählt worden sind. Sie sind Volksvertreter, sollten also eure Interessen vertreten. Aber sie haben sich abgehoben und machen Klientelpolitik für die Wirtschaft, deshalb werdet ihr immer missmutiger, geht nicht mehr wählen oder seid im Alltag frustriert. Dabei ist die Demokratie doch eine wunderbare Form der Politik, und es gibt sicher nichts Besseres, als dass alle demokratisch mitentscheiden. Bei uns sagt die Theologie der Befreiung klipp und klar, dass die Politiker keine Extrakaste der Wohlhabenden und der Abgehobenen sind. Politiker sind Handlanger des Volkes. Die Handlanger des Volkes! Das kann man nicht oft genug sagen, denn sie müssen genau das machen, was das Volk will. Und sie haben keinen Sonderstatus, sie sind für eine begrenzte Zeit gewählt, in der sie sie gefälligst das zu tun haben, was die Wähler wollen. Das ist ein Unterschied zu euch. Ihr lebt in zwei Welten. Da gibt es auf der einen Seite das Wahlvolk, das alle paar Jahre mal eine Stimme abgibt, und dann ist die Stimme auch weg, sie ist abgegeben. Und dann sind auf der anderen Seite die Politiker, die einfach machen, was sie wollen, oder besser gesagt, leider Gottes genau das tun, was den Kapitalinteressen entspricht, was die Banken und die Wirtschaftsunternehmen wollen. Die Theologie der Befreiung sagt, dass jeder Mensch das Recht hat, menschenwürdig zu leben, wie es in der Bibel steht. Dass jeder Nahrung braucht, dass er ein Dach über dem Kopf braucht, dass er Kleidung braucht, dass er Arbeit braucht und ein Recht auf Gesundheit und Bildung hat. Und dass vor allem die Würde des einzelnen Menschen unantastbar ist, genauso wie es bei euch im Grundgesetz steht, was ihr aber im Alltag überhaupt nicht praktiziert. Wir verstehen eure unchristliche Haltung gegenüber Menschen aus anderen Ländern nicht. Wir hier verstehen unter Christentum, dass man, unabhängig von der Rasse und der Herkunft, Menschen in Not aufnimmt. Ihr tut das nicht. Ihr wollt nicht, dass die Wirtschaftsflüchtlinge zu euch kommen, die aus purer Not handeln, weil sie nicht in ihrer Heimat verhungern wollen. Wir hier in Brasilien haben in Hungerzeiten unendlich viele Menschen aus Europa aufgenommen, besonders aus eurem Hunsrück. Es gibt heute noch Städte bei uns, z.B. Blumenau, in denen nur deutsch gesprochen wird. Da haben wir als Einwanderungsland keine Aufnahmeprüfungen veranstaltet, Leute aussortiert oder gleich wieder abgewiesen. Nein, bevor ihr verhungert wärt, haben wir euch aufgenommen, weil wir das als christlich empfinden. Denn vor 500 Jahren haben die Portugiesen mit ihren Priestern das Christentum zu uns gebracht. Das, was wir von euch gelernt haben, das wenden wir an. Ihr tut das nicht mehr! Das ist für uns unfassbar. Warum ist das so? Steht ihr nicht zu euren christlichen Werten? Ihr diffamiert andere Religionen, wie z.B. den Islam, als wären alle Moslems Terroristen. Das ist doch falsch. Eure Vorfahren haben als Christen in der ganzen Welt mit ihren Kreuzzügen gewütet, ebenso in den kolonialen Eroberungsphasen. Deswegen sagen wir doch jetzt nicht, dass alle Christen Verbrecher sind. Nun besinnt euch doch darauf, was Christentum eigentlich heißt, schimpft nicht über andere und hackt nicht auf ihnen herum. Nehmt eure Religion ernst. Dann wärt ihr einen großen Schritt weiter und ein Vorbild für alle, die in der Welt menschenwürdig leben wollen und sich auch für ein menschenwürdiges Leben einsetzen. Ihr wandert den Jakobsweg, verehrt Mutter Teresa und Albert Schweitzer, aber das Geld verdienen viele bei euch in Banken, die weltweit andere Menschen in den Ruin treiben, oder in Konzernen, die Zünder für Minen herstellen, oder in Chemiekonzernen, die Medikamente an uns Menschen in der Dritten Welt testen. Das ist Freizeitchristentum. Und wie ihr über andere Regionen berichtet! Ihr regt euch über den Schleier auf und habt euch in der Gesetzgebung und in den Medien ins Zeug gelegt, wohl um uns auszugrenzen. Das ist aber unser Problem. Wir müssen darüber diskutieren. und wir haben im Laufe der Zeit auch viel geändert. Dennoch wendet ihr so viel Energie auf, um den Schleier zu thematisieren. Dabei trägt nur eine verschwindend kleine Anzahl von Frauen in Europa den Schleier. Wenn man sich damit beschäftigt, weiß man, dass viele unterdrückte Frauen zu Hause bleiben müssten, wenn man ihnen den Schleier verbietet, was sie nur noch unfreier macht. Andere tragen ihn mit Stolz, weil sie keine Sexobjekte sein wollen. Bitte mischt euch doch da nicht ein.

Wenn wir im Fernsehen sehen, wie die Nonnen bei euch gekleidet sind, die in ihrer Tracht, die nur das Gesicht freilässt, sehr eingeengt sind, dann verstehen wir die Diskussionen und Ängste nicht. Oder nehmen wir die Jugendlichen, die sich modebewusst mit Kapuzenjacken vermummen. Noch etwas: Frauen mit Kopftüchern sind bei euch in kleinen Dörfern auch absolut üblich. Es sind oft verhärmte Frauen, deren Männer abends bierselig nach Hause kommen und oftmals prügeln. Und was habt ihr übrigens gegen Moscheen? Ihr macht einen Aufstand, wenn die vielen Menschen, die bei euch leben, ein eigenes Gotteshaus haben wollen, weil ihre Religion eine andere ist. Ihr selbst aber baut eure Kirchen in aller Welt auf. Auf allen Kontinenten gibt es christliche Kirchen, was ihr als selbstverständlich empfindet.

Seid doch auch so fair und gebt den Menschen, die bei euch ein Gotteshaus wollen, die Chance. Diesen Menschen aus anderen Religionen geht es oft darum, sich in den Kirchen zu treffen. Das ist für sie ein Stück Heimat. Ein Stück ihrer eigenen Kultur. Ihr aber lasst eure Kirchen ziemlich leer stehen. Meistens ist es das größte Gebäude im Ort. Habt ihr darüber schon mal nachgedacht? Auf keinen Fall darf das Minarett höher sein. Aber das größte Gebäude im Ort, auch in jedem kleinen Ort, steht meist leer. Das ist doch schade. Eure christlichen Feiertage: Was ist aus ihnen geworden? Nehmen wir Weihnachten, wo es um Geschenke geht, um Geld. Damit die Wirtschaft sich erholt, sollt ihr besonders viel schenken. Ihr zieht euch in eure Wohnungen, in eure Häuser zurück, die Straßen sind leer. Die Armen, so sehen wir es oft im Fernsehen, sind auf der Straße. Sie kriegen an dem Tag vielleicht mal eine Decke, weil es kalt in dieser Jahrezeit ist, oder eine warme Suppe. Das verstehen wir nicht. Soll das eine lebendige Kirche sein, ein christlicher Feiertag? Es ist ein Konsumtag, für den besonders viel gekauft werden muss. Kaum jemand denkt noch daran, worum es eigentlich an einem Tag wie Weihnachten geht. Ihr veröffentlicht Umfragen, aus denen deutlich wird, dass die meisten schon gar nicht mehr wissen, warum man eigentlich Weihnachten feiert. Überhaupt bekommen wir hier in der Dritten Welt immer mehr den Eindruck, dass ihr eure eigene Religion nicht mehr ernst nehmt. Es sind Tage, an denen man ein kirchliches Fest feiert, frei hat und sich Geschenke macht. Aber im Grunde genommen seid ihr nicht religiös. Für euch ist eigentlich der Konsum zur Religion geworden. Wachstum ist ein neuer Götze, und ihr müsst immer mehr und immer weiter konsumieren. Das soll glücklich machen? Dabei bekommt man Glück doch nicht über das, was man kauft. Denn gerade das, was es nicht zu kaufen gibt, erzeugt Glück, zum Beispiel Liebe, Freundschaft, Ruhe, zur Besinnung kommen. Davon seid ihr inzwischen sehr weit entfernt. Wenn wir in der Vorweihnachtszeit sehen, wie ihr voller Hektik durch die Straßen lauft, dass die Kaufhäuser überfüllt sind und jeder vom vorweihnachtlichen Stress redet, dann begreifen wir eure Vorstellung vom Hintergrund des Festes nicht. Es ging doch um ein kleines Kind, um das Jesuskind in der Krippe, um Ruhe, große Armut und Bescheidenheit. Und ihr macht daraus einen Konsumrummel? Sollen wir das gut finden?

Geistige Stubenhocker

„Drogensüchtige Jugendliche in Deutschland verbreiten im Internet, dass Süchtige, die Reisen in andere Länder planen, ihre Drogen in den zahlreichen US-Militärbasen – mit denen fast der ganze Globus besetzt ist – erhalten können. Ist das eure freie Welt?"

Lehrer aus Kuba

Das Volk der Dichter und Denker, so haben wir die Deutschen immer gesehen. So steht es auch bei uns in den Schulbüchern über ferne Länder. Aber wie werdet ihr in den Schulen erzogen? Was lernt ihr in den Schulen? Wir sehen, dass ihr viel zu große Klassen habt und dass ihr immer mehr das lernen müsst, was Industrie und Technik nutzt. Dass immer mehr Fächer gestrichen werden, die der geistigen, der kulturellen Bildung dienen. Warum ist das so? Werdet ihr immer mehr zu Robotern erzogen, die nur noch in der Wirtschaft funktionieren sollen? Seht ihr das selber nicht so? Wir empfinden das in letzter Zeit geradezu als bedrückend. Eure Schüler scheinen damit auch nicht glücklich zu sein. Warum gibt es zunehmend schreckliche Taten an Schulen, bei denen einzelne Schüler ausrasten und um sich schießen? Vielleicht ist der Druck so groß, dass sie nicht mehr leben können. Und weil sie sich an der Gesellschaft, die sie

Er verhält sich verdächtig...
...unauffällig !!!
SCHULE
MATHE

dahin treibt, rächen wollen, nehmen sie andere mit in den Tod. Warum nehmt ihr das nicht zum Anlass, die Klassen zu verkleinern und wieder mehr Menschliches zu lehren? Warum bereitet ihr die Schüler nicht auf das Leben vor? Wir hier in Kuba beispielsweise, wir haben eine Schule, in der beides nebeneinander existiert: lernen und arbeiten. Die Schulen versorgen sich selbst mit Energie, mit Biogas, Windkraft oder Solarzellen. Wir versorgen uns auch selbst mit Produkten aus der Landwirtschaft, sodass jede Schule auch ein Bauernhof ist. So werden Kinder groß, die beides kennen, die dann auch nicht so schnell in diese Klassenunterschiede zwischen Akademikern und Arbeitern verfallen. Wann ist es endlich auch bei euch soweit, dass ihr sagt, dass jeder in der Gesellschaft wertvoll ist? Egal, ob man eine Arbeit als Müllmann oder als Professor macht. Der eine kann ohne den anderen nicht leben. Das verstehen die Menschen bei uns sehr viel besser, da sie auch so groß geworden sind. Der Professor kann nichts machen, wenn der Müllmann den Müll nicht entsorgt. Und der Müllmann braucht aber auch die Professoren, damit viele Probleme der Gesellschaft vernünftig gelöst werden. Aber soweit seid ihr wohl nicht, dass ihr diese Zusammenhänge seht.

Eure Politiker reden immer von der Zukunft, die den Kindern gehört. Das hören wir dauernd und überall und in allen Medien, ob im Internet oder im Satellitenfernsehen. Aber was ist denn die Wirklichkeit? In euren Sendern, die wirklich manchmal auch sehr gute Beiträge bringen, sehen und hören wir, dass ihr schon lange wisst, dass man eigentlich in kleinen Gruppen arbeiten muss. In der Erwachsenenbildung weiß man, dass acht, zehn oder zwölf Leute am besten zusammen lernen können. Aber euer höchstes Gut, die Kinder, eure Zukunft, behandelt ihr ganz anders. Die sitzen in großen Klassen, in denen es so laut ist, dass die Kinder in den letzten Reihen nichts mehr verstehen. Das sind doch nur noch Lernfabriken. Auch die Lehrer spüren das. Einige reagieren damit darauf, dass sie nur noch Dienst nach Vorschrift machen, andere werden zynisch. Natür-

... leider Pech gehabt, Herr Ecnebi: 1954 in Bern das war nicht dem Fritz Walter sein Tor, sondern vom Helmut Rahn, wo wir durch Weltmeister wurden!!
PRÜFUNGSAUSSCHUSS EINBÜRGERUNG
MENZEN

lich gibt es auch viele, die ihre Aufgabe sehr ernst nehmen und sich aufreiben.

Wenn man unsere Länder in Afrika, Asien, Lateinamerika mit denen bei euch in Europa vergleicht, sind eure Länder winzig. Deutschland z.B. ist sehr klein, aber es gibt noch nicht einmal gemeinsame Lehrpläne. Dazu kommt, dass euer Land in viele kleine Bundesländer aufgeteilt ist, die alle ihren eigenen Lehrplan und ihr eigenes Kultusministerium haben. Nach dem letzten Weltkrieg ist das so aufgeteilt worden. Inzwischen habt ihr so viel geändert, dann ändert das doch auch endlich. Wenn es in eurem kleinen Land keine gemeinsame Ausbildung gibt, wie wollt ihr dann als Europäer von Europa sprechen? Ihr sagt immer: ihr Afrikaner, ihr Lateinamerikaner, ihr Asiaten, aber wir sagen zu euch nicht: ihr Europäer. Denn ihr macht so große Unterschiede, dass wir ja noch nicht mal ihr Deutsche sagen dürften, wir müssten doch konkreter werden und ihr Bayern oder ihr Berliner sagen.

Es kommt uns manchmal so vor, dass eurer Horizont so eng geblieben ist wie eure Grenzen. Ihr seid geistige Stubenhocker. Wo ist eure Abenteuerlust? Wo ist euer Verlangen, die Welt zu erleben und zu verstehen? Bei uns ist es so, dass es unser größter Wunsch ist, viel zu sehen und viel von anderen zu lernen. Wir beschäftigen uns viel mehr mit den Philosophen, Künstlern und Politikern und den Wissenschaftlern aus den Industrieländern, als ihr das umgekehrt tut. Was wisst ihr über unsere Kultur? Fast nichts. Aber ihr könnt uns fragen. Unsere Schüler verstehen sehr viel von dem, was ihr an Wissen gesammelt habt. Und dabei waren z.B. wir hier in China schon so weit mit unseren Erfindungen, als ihr noch nicht einmal von so etwas geträumt habt. Auch unsere Philosophen sind weltweit bekannt. Aber was lehrt ihr darüber in eurer Schule? Noch einmal: ihr seid geistige Stubenhocker. Wir wissen auch, dass ihr kaum in anderen Ländern leben und arbeiten wollt. Denn ihr habt Angst um eure Arbeitsplätze. Was ist das für ein System, in dem Jugendliche eigentlich sehr unfrei groß werden und Angst davor haben, eine Zeitlang in der Dritten Welt oder irgendwo anders zu arbeiten, weil sie dann, wenn sie wiederkommen, keine Arbeit mehr finden? Was ist das für eine Entwicklung? Die Vereinten Nationen suchen händeringend nach Menschen aus Deutschland, die in anderen Ländern arbeiten. Aber die Deutschen bleiben lieber zu Hause. So können wir nicht voneinander lernen. So können wir keine Vorurteile abbauen. Wir dagegen sind gerne bei euch, wenn wir auch nicht unbedingt immer gerne gesehen werden.

Ich habe einen Bericht im Internet gesehen, da sagte ein Kind, als ein Buchautor in die Schule kam und eine Lesung machte: „Ich habe gedacht, die Schriftsteller sind alle tot". Wie kommt so etwas zustande? Das zeigt, dass ihr gar keinen lebendigen Austausch pflegt zwischen denen, die Geistiges produzieren, und denen, die lernen sollen, ins Leben zu kommen. Bei euch sind das zwei voneinander isolierte Bereiche. Und wir hören und sehen auch immer wieder, dass bei euch die Kultur immer weniger gefördert wird. Ihr gebt sehr viel Geld für andere Dinge aus. Ob es um den Staat geht, der sehr viel für Waffen ausgibt, oder um den Einzelnen. Eine Familie gibt lieber Geld für Elektronik oder andere Dinge aus als für Bildung. Bei euch kennen Jugendliche Heinrich Böll fast nicht mehr, bei uns hier in China ist er der meistgelesene deutsche Autor. Wir hier in China hören gerne Beethoven, und wir beschäftigen uns mit seinem Leben. Wir hören natürlich auch unsere eigene klassische Musik und sind sehr stolz auf sie. Kennt ihr unsere klassische Musik?

Töten ohne Waffen

„150.000 Muslime hat Hitler als Soldaten an der Ostfront eingesetzt. Später hat die CIA die Überlebenden für den Kampf gegen den Kommunismus rekrutiert. Dies bracht eine angesehene deutsche Zeitung per Online. Wo bleibt da euer Aufschrei der Empörung?"

Student aus China

Nach dem Zweiten Weltkrieg wolltet ihr nie wieder militärisch aufrüsten. Niemals wieder sollte ein junger Mann ein Gewehr in die Hand nehmen. Und was ist heute? Ihr seid mit euren Bundeswehrsoldaten in vielen Ländern. Angeblich wollt ihr Frieden schaffen. Aber wenn man sich das genau anschaut, sieht man deutlich, dass es um die Sicherung von Rohstoffen geht. Euch wird diese Information vorenthalten. Wir wussten das von Anfang an. Wie lange hat das gedauert, bis ihr jetzt erfahrt, dass es in Afghanistan um Rohstoffe geht. Um Metalle, die man für Handys und Computer braucht und die ihr im Einzelnen meist gar nicht kennt. Oder es geht um strategische Wege zum Abtransport von Öl oder anderen Rohstoffen. Euch wird gesagt, dass es in Afghanistan um die Einführung der Demokratie geht. Wie soll man mit militärischen Mitteln die Demokratie hervorbringen? Also mit Waffen, die töten, eine Demokratie

schaffen? Das kann doch nicht gut gehen. Es gibt auch kritische Berichte bei euch, die das in Frage stellen. Viele kluge Leute sagen, dass man solche Kriege nie gewinnen kann. Dass immer die Menschen in den jeweiligen Ländern die eigentlichen Verlierer sind. Trotzdem macht ihr immer wieder neue Kriegsschauplätze auf. Nehmen wir Somalia. Nehmen wir weitere Länder in Afrika, in denen großer Hunger herrscht und in denen während einer langen Zeit die gewachsenen Strukturen durch die Kolonialherrschaft zerstört wurden, bis zum gegenwärtigen Zeitpunkt. Wo heute eure Fischflotten an afrikanischen Küsten alles überfischt haben und die Menschen jetzt Hunger leiden, weil sie doch überwiegend vom Fischfang lebten. Deshalb müsst ihr doch nicht mit Soldaten kommen. Dann müsst ihr einfach nur damit aufhören, mit euren Internationalen Fischflotten alles leer zu fischen. Wir verstehen diese Haltung nicht, und auch nicht, warum eure Regierung mit Waffen die Demokratie verbreiten will. Wenn man sich die Welt anschaut, gibt es Länder, in denen viel Unterdrückung herrscht, weil wir in der Kolonialzeit so sehr in unserer eigenen Entwicklung behindert worden sind und sehr viele Schwierigkeiten damit haben, neue vernünftige Strukturen aufzubauen. Nur ihr werdet das nicht damit erreichen, dass ihr unsere Diktatoren vordergründig unterstützt, um damit eure Rohstoffabsicherung zu gewährleisten.

Das neuste Beispiel ist der Prozess vor dem Internationalen Gerichtshof in Den Haag, wo es um die Schuld von Charles Taylor, dem ehemaligen Präsidenten von Liberia, geht. Dabei verläuft alles nach dem gleichen Schema. Immer spielen die Industrieländer, allen voran die USA, eine tragende Rolle. Will man Rohstoffe aus der Dritten Welt absichern, baut man mit viel Geld und Waffen Machthaber auf, die sie den Industrieländern zur Ausbeutung freigeben. Da dies in der Regel mit blutigen Auseinandersetzungen einhergeht, stürzt man dann später den Despoten wieder oder stellt ihn vor Gericht. Die Drahtzieher und eigentlichen Nutznießer in den internationalen Konzernetagen aber bleiben im Dunkeln. So ist Taylor nur ein Fall in einer Reihe gleichgelagerter Fälle, wie z.B. Somoza in Nicaragua, Idi Amin in Uganda, Bin Laden und Saddam Hussein, alles prominente Beispiele. So ist es oft gewesen. In euren Medien, die wir zu sehen bekommen, regt man sich darüber auf, dass diese blutrünstigen Herrscher das Volk unterdrücken.

Aber wir sehen doch im Internet, wie die USA zusammen mit Großbritannien Charles Taylor unterstützt haben, weil die Briten in Sierra Leone viele Diamantenminen hatten, die ihnen durch eine eigenständige Regierung abgenommen wurden. Also unterstützt man das Nachbarland Liberia, damit dessen Truppen in Sierra Leone einmarschieren. Natürlich mit Gewalt. So finanzierte Charles Taylor die Waffenkäufe für seinen Krieg in Sierra Leone mit dem Verkauf von Diamanten. Die nennt ihr dann Blutdiamanten und seid ganz empört. Wenn ein Model oder eine Schauspielerin wie Naomi Campbell solche Steine von Charles Taylor geschenkt bekommt, regt ihr euch auf. Für uns sieht es dann fast so aus, als säße jetzt Naomi Campbell auf der Anklagebank.

Dabei geht es doch um Charles Taylor, der eine derart brutale Angriffspolitik betrieben hat, um damit den Interessen der USA und Großbritanniens zu dienen. Als Charles Taylor im Krieg zu viele Grausamkeiten verübt und zu viel angerichtet hatte, haben die USA, die ihn zuvor unterstützten, zwei Millionen Dollar Kopfgeld ausgesetzt, damit der flüchtige Machthaber gefangen und vor ein internationales Gericht gestellt werden konnte. Erst bauten sie ihn auf, dann lieferten sie ihn ans Messer. Zuerst gab es Geld für ihn, dann wurde mit Geld gegen ihn gearbeitet. Das ist etwas, was uns in der Dritten Welt wahnsinnig macht. Ihr müsst das auch in euren Medien bekannter machen. Wir nehmen davon Notiz, weil wir in dieser Beziehung sehr empfindlich sind. Ihr habt Sendeplätze, auf denen man so etwas erst spät abends mitbekommt. Man kann das natürlich auch im Internet erfahren. Eure Berieselung in den großen Massenmedien bietet so etwas seltsamerweise nicht. Deshalb seid ihr wahrscheinlich in dem Glauben, dass das rechtens ist. Dann hackt ihr auf den bösen Diktatoren in Afrika rum. Ohne die vielen Nutznießer, die die eigentlich Schuldigen sind, überhaupt wahrzunehmen. Sie sitzen ja auch mitten unter euch, die Diamantenaufkäufer und Waffenexporteure. Wie könnt ihr nur so blind sein? Vielleicht liegt es daran, dass viele eurer Familienväter in diesen Firmen arbeiten, oder in Zulieferfirmen. Es tut weh, sich eine Mitschuld an den Gräueltaten in Sierra Leone eingestehen zu müssen, wenn es auch nur eine indirekte ist. Denn es gab im Kampf um Diamanten in Sierra Leone hunderttausend Tote, darunter viele Frauen und Kinder. Sehr viele Menschen leiden heute noch unter den Auswirkungen. Frauen wurden vergewaltigt und Kinder verstümmelt, die auf Minen traten.

Ein wichtiger, vielleicht der wichtigste Punkt in der Diskussion um militärische Auseinandersetzungen, ist der Streit um die Atombomben. Welche Arroganz, dass nur die Supermächte Atombomben besitzen dürfen. Wer hat das gesagt? Ist das natürlich oder gottgewollt? Diesbezüglich habt ihr euch selbst zu den Auserkorenen erhoben, und das ist das größte Druckmittel, um in militärischen Auseinandersetzungen etwas zu erreichen. Dieses Druckmittel gestatten eure Regierungen uns nicht, sondern nur einigen Ländern, die ihnen genehm sind. Ist das nicht der Fall ist, achtet man darauf, dass dort ja kein Atommeiler gebaut wird, damit es keine Möglichkeit gibt, dass dort auch irgendwann Atombomben vorhanden sind. Vielleicht ist das für euch inzwischen schon so normal geworden, dass ihr gar nicht mehr darüber nachdenkt, warum nur einige Länder Atomwaffen haben dürfen und der Rest der Welt nicht. Diese Einteilung darf es nicht geben, das sehen wir in der Dritten Welt überhaupt nicht ein. Entweder hat niemand Atomwaffen oder alle haben sie. Und wir würden uns wünschen, keiner. Ihr doch sicher auch.

Schauen wir uns die Ausgaben für das Militär an. Mit viel Technik wird aufgerüstet, denn es geht inzwischen um Kriege, die vom Satelliten aus kontrolliert werden. Es geht um unbemannte Kampfflugkörper, es geht um sehr viel neue Technologien, die sehr teuer sind, die Unsummen verschlingen. Da-

Weisswestenallee
Schmutzfingergasse
made in W-Germany
METTER

bei ist unser Globus endlich. Wenn man so viele Ressourcen in die Aufrüstung steckt, dann fehlen sie für eine menschenwürdige Entwicklung, das werfen wir euren Ländern vor. Ihr seid die Antreiber dieser Spirale. Ihr rüstet auf. Ihr gebt immer den neusten Stand vor, und die anderen müssen versuchen, die Entwicklung einzuholen, ebenfalls mit viel Geld. Wenn es sich auch um weniger handelt als bei euch, ist es trotzdem für unsere Länder viel zuviel. Und dann sehen wir im Internet oder in euren Fernsehberichten, dass ihr sagt, es sei unverschämt, wie viel Geld die Länder der Dritten Welt für Militärausgaben zahlen. Wie kann man etwas nur so einseitig darstellen? Denn ihr habt auch Armut in euren Ländern. Euer neues Kampfflugzeug kostet z.B. pro Flugstunde 70.000 Euro. Wie könnt ihr den Menschen erklären, dass ihr so unendlich viel für Militärausgaben verbraucht? Wir sind oft gezwungen, uns gegen eure Übermacht zu wehren. Wir wollen weder überfallen noch von Supermächten besetzt werden. Wir wollen eine eigenständige Entwicklung, aber die ständige Einmischung treibt uns dahin, dass wir aufrüsten müssen. Ihr sät vor allem Zwietracht, z.B. zwischen Liberia und Sierra Leone, ihr schafft Konflikte. Das gleiche gilt für den Iran und den Irak. Es gäbe noch viele weitere Beispiele, bei denen ihr die Urheber von Konflikten seid, statt uns in Ruhe zu lassen, damit wir eine eigenständige Entwicklung vorantreiben können, um aus der Nachbarschaft heraus zur friedlichen Koexistenz zu kommen. Ihr bringt in Fernsehberichten oft genug die Hinweise, dass die Rohstoffe knapp werden. Es gibt Krieg um Wasser oder Krieg um Öl. Wir haben das Gefühl, dass euer Volk auf immer mehr Kriege vorbereitet werden soll. Bei diesen Kriegen geht es immer um eure Interessen. Wir selbst haben schon lange Probleme mit Rohstoffen. In der Regel sind wir die Lieferanten für euren Wohlstand. Und wenn ihr merkt, dass die Rohstoffe bei euch knapp werden, führt ihr militärische Operationen durch, um euch in anderen Ländern die Rohstoffe zu sichern. Das ist eine Unverschämtheit, ein Verbrechen. Wie kann das nur im christlichen Abendland passieren? Wir sind fassungslos, denn wir dachten, die Kolonialzeit sei vorbei. Wir leiden zwar immer noch darunter, weil die Grenzen willkürlich gezogen wurden und wir Entwicklungswege aufgezwungen bekommen haben, die gar nicht zu uns passen. Weil wir zu Plantagen gekommen sind, die für eure Bedürfnisse produzieren. Das alles ist schwer genug. Aber jetzt kommt ihr sogar noch mit Soldaten, um „eure" Rohstoffe zu sichern. Und es gibt keinen Aufschrei. Es müsste einen riesigen Aufschrei geben, aber der bleibt aus. Soldaten sind also nicht nur gefährlich, wenn sie gegen Menschen im Einsatz sind, Soldaten töten auch, ohne dass sie eine Waffe bedienen. Denn das Geld, das sie beanspruchen, das sie mit ihrer teuren Ausrüstung, mit immer moderneren Waffen verbrauchen, verschlingt so viele Ressourcen, die eigentlich den Armen auf dieser Welt zugute kommen müssten. Deswegen sagen wir hier immer, dass die Soldaten Menschen töten, ohne zu schießen. Wer soll damit anfangen, diesen Irrsinn zu ändern? Nicht wir, die wir ohnehin unter Entbehrungen und Konflikten leiden, die wir kaum noch aushalten können. Wenn jemand den Rüstungswahnsinn stoppen kann, dann seid ihr das.

Aber wenn kluge Menschen bei euch für diese Ziele demonstrieren, werden sie nicht zur Kenntnis genommen oder sogar mit polizeilicher Gewalt behindert. Auch davon erfuhren wir voller Entsetzen im Internet.

ENTWICKLUNGSHILFE

Weiße Elefanten

„Solange ihr im Fernsehen noch Kinder zeigt, die vor Hunger weinen, müsste den Superreichen der Kaviar im Hals stecken bleiben."

Reisbauer in Nepal

Hier in Afrika interessiert uns ganz besonders eure Entwicklungshilfe. Wir hören und sehen in euren Medien, dass viele Menschen bei euch in Deutschland sagen: Warum bekommen die da unten überhaupt Entwicklungshilfe, wir haben genug Probleme im eigenen Land. Andere wiederum sagen: Wir müssen noch mehr Entwicklungshilfe geben, weil jede Menge Geld wieder zu uns zurückfließt. Von einem Euro Hilfe bekommen wir einen Euro und vierzig durch Wirtschaftsaufträge zurück. Das sind schon ziemliche Widersprüche, die ihr in den Medien habt. Eure Gesellschaft scheint da gespalten zu sein.

Aber das, was wir besonders eigenartig finden, ist, dass ihr einen Entwicklungshilfeminister habt, der das Entwicklungshilfeministerium abschaffen wollte. Wie kann man so etwas verstehen? Aber vielleicht ist es ja so, dass er eine Entwicklungshilfe verfolgt, die am besten abgeschafft wird. Tritt er doch in Afghanistan mit einer Militärmütze auf! Wie passt das zusammen? Militär und Entwicklungshilfe? Wir wissen und verfolgen das sehr genau, dass dies die neue Politik bei euch ist. Aber alle

Hilfe für Afrika

die, die bei euch praktische Entwicklungshilfe leisten, sind dagegen, dass Militärs und Entwicklungshelfer zusammenarbeiten, und wir merken, dass sich einige Organisationen zurückziehen. Organisationen, die nicht dem Staat unterstellt sind. Denn Entwicklungshelfer, die mit Soldaten auftreten, sind ja in besonders großer Gefahr. Und überhaupt gehört das nicht zusammen. Aber es scheint ja so, dass sich bei euch die Entwicklungshilfe langsam verlagert: von humanitärer Hilfe, von Projekten, die auf Dauer helfen sollen, hin zu militärischen Eingriffen. Da hat sich zu unserem Nachteil in letzter Zeit viel bei euch getan.

Könnt ihr euch eigentlich gar nicht vorstellen, wie das ist, wenn zwei Entwicklungshelferinnen, die von zwölf Soldaten begleitet werden, in unser Dorf kommen? Wie sollen wir damit umgehen? Wir werden regelrecht überrumpelt und sehen natürlich die Dominanz der Soldaten. Was wollt ihr eigentlich? Wollt ihr Krieg führen oder wollt ihr uns helfen? In euren Fernsehberichten können wir sehen, dass es immer heißt: Ja, die Soldaten sind zum Schutz für die Entwicklungshelfer da, und die Entwicklungshelfer, besonders die Krankenschwestern, helfen wieder den Soldaten. Das mag für euch logisch sein, für uns aber ist es eine Katastrophe. Wenn so eine Gruppe, gemischt aus Soldaten und Entwicklungshelfern, bei uns ankommt, erzeugt das absolut kein Vertrauen, sondern nur Gegenwehr. Euer neuer Entwicklungshilfeminister wäre doch besser Verteidigungsminister geworden, oder wie wir hier gerne sagen, wäre er besser Kriegsminister geworden, da ihr in viele Kriege in der Dritten Welt hineingeht. Aber darin scheint die Mehrheit bei euch kein großes Problem zu sehen. Nur die, die in der praktischen Arbeit in der Entwicklungshilfe tätig sind. Das ist schade. So könnt ihr nie vernünftige Lösungen für euch selbst, aber vor allem auch nicht für uns finden. Eure Entwicklungshilfe wurde ja schon immer von wirtschaftlichen und außenpolitischen Interessen geleitet. Trotzdem gab es doch einige Projekte und Ansätze, die uns auch wirklich geholfen haben. Dieser Bereich wird jetzt leider immer kleiner. Und so schafft es euer neuer Entwicklungshilfeminister vielleicht, die Entwicklungshilfe tatsächlich zu streichen. So wie er es ja vor seiner Ernennung zum Minister auch wollte.

Aber wenn wir euer Fernsehen schauen, stellt sich uns ein viel grundsätzlicheres Problem. Ihr habt verschiedenste Ministerien, die oftmals gegeneinander arbeiten. Das eine für die Wirtschaft, das andere für die Außenpolitik, das nächste für die Entwicklungshilfe. Ihr arbeitet in Schubladen. Und wenn ihr im Wirtschaftsministerium etwas beschließt, was uns den Handel erschwert und wodurch wir geringere Export-Einnahmen haben, weil wir den Industrieländern weniger liefern, dann steht das doch in völligem Widerspruch zu dem, was ein Entwicklungshilfeministerium zum Ziel haben müsste, nämlich zu helfen. Wir haben sehr genau verfolgt, was im Ost-West-Konflikt passiert ist. Als die beiden Supermächte auf unserem Rücken in Afrika ihre Kriege ausgeführt und ihre Konflikte ausgetragen haben. Was war da mit eurer Entwicklungshilfe? Da habt sie sich ganz besonders entlarvt, z.B. mit der Hallstein Doktrin. Könnt ihr euch noch daran erinnern? Wir wissen das noch sehr genau. Steht das in euren Schulbüchern? Wir haben die Dokumentationen bei euch im Fernsehen verfolgt. Abends spät kommen in guten Sendungen manchmal Rückblicke. Die Hallstein Doktrin besagte, dass ihr, wenn ein Land bei uns in Afrika die DDR anerkennt, eure Entwicklungshilfe streicht und die Entwicklungshelfer abzieht, z.B. Krankenschwestern in einer Arztstation weit draußen im Busch. Mein Gott, was war das für eine schreckliche Politik! Wie kann man die Menschen im Stich lassen, die hier auf die Hilfe von Krankenschwestern aus eurem Land angewiesen waren? Alles nur aus außenpolitischen Gründen.

Oder ein anderes Beispiel: Ihr redet immer vom Fairen Handel, der auch eine gute Sache ist. Wir bewundern die vielen Leute, die sich bei euch einsetzen und über die Weltläden Kaffee verkaufen, der zwar etwas teurer ist, uns aber sehr hilft, denn unsere Produzenten bekommen dadurch gerechtere Preise. Diese engagierten Menschen fordern schon seit vielen, vielen Jahren, dass eure Regierung eine andere Außenwirtschaftspolitik betreiben sollte. Aber sie haben keinen Erfolg. Sie verlangen, dass doch endlich die Zölle, die auf geröstetem Kaffee aus unseren Ländern liegen, fallen gelassen werden, damit wir auch weiterverarbeiteten Kaffee bei euch verkaufen können. Durch die Weiterverarbeitung entstünde ein Mehrwert bei uns im Land, und das würde uns sehr helfen. Einerseits fördert man bei euch den Fairen Handel und lobt ihn, andererseits blockiert man uns in unserem Bestreben, auf eigenen Füßen zu stehen und das Einkommen für die Menschen auf dem Land zu sichern. Wie geht das nur zusammen? Wir erleben diese Schizophrenie so häufig.

Ihr arbeitet und denkt in Schubladen. Ihr habt für alle ein Kuscheleckchen in der Politik, sagte einmal ein Staatssekretär aus eurem Entwicklungshilfeministerium. Die einen haben ihre Außenwirtschaftsinteressen, die anderen ihre außenpolitischen und wieder andere ihre militärischen. Und die, die etwas humanitärer denken, bekommen ein bisschen Entwicklungshilfe ins Buch der Demokratie geschrieben. So sind alle glücklich und können sich in ihrem Kuscheleckchen wohl fühlen. Aber das ist doch keine Gesamtpolitik. Das ist doch unterm Strich gesehen nur eine Ansammlung von Lobbyistenpolitik. Warum ist das so? Wieso habt ihr nicht eine Politik, die insgesamt humanitär ist, die insgesamt ökologische Ziele verfolgt, die insgesamt zum Wohlergehen eurer und unserer Menschen gestaltet ist? Warum?

Wir spüren die alte Strategie der kolonialen Macht noch immer ganz stark in eurer Gesamtpolitik. Denn euer Entwicklungsprozess ist nun einmal zu einem großen Teil auf Kosten unserer Länder entstanden. Die Grundsteine dieses ungleichen Tausches sind ja bereits vor Jahrhunderten gelegt worden. Die Geschichte des Kolonialismus, der Sklaverei, des Neokolonialismus, hat doch im Wesentlichen zu der internationalen Arbeitsteilung geführt, die heute in der Weltwirtschaft existiert. Ihr kauft die Rohstoffe billig bei uns ein, ihr verarbeitet sie und verkauft sie uns dann wieder zu hohen Preisen. Das ist eine Zusammenarbeit, die sehr, sehr einseitig ist. Und wir wünschen uns da etwas ganz anderes. Wenn wir diese Kritik dann in guten Fernsehdokumentationen hören und sehen, fragen wir uns, warum ihr das nicht ernst nehmt? Aber an diesen Informationen lässt man nur eine kleine Schicht von Intellektuellen teilhaben, die sich abends spät so etwas anschauen, man will aber nicht wirklich etwas ändern. Ihr solltet aber alle die Rechnung ernst nehmen, die man über die Plünderungen aufstellen könnte, die in unseren Kontinenten Asien, Afrika und Lateinamerika im Lauf der Jahrhunderte stattgefunden haben. So ergäbe sich ein völlig neuer Blickwinkel auf unsere Entwicklung und auf euer Verhältnis zu uns.

Ihr sagt, dass wir verschuldet sind. Es stimmt, wir haben viele Schulden, und ihr seid die Gläubiger. Ihr habt uns viel Geld geliehen. Nur: sind wir es wirklich, die Schulden haben, und ihr seid die Gläubiger? Schauen wir uns das Beispiel Kuba an, wo im 19. Jahrhundert eine halbe Million Schwarze als Sklaven importiert wurden, die unter unmenschlichen Bedingungen auf den Zuckerrohrplantagen arbeiten mussten. Oder Brasilien, das die Europäer ausgeplündert haben, wo sie Zuckerrohrplantagen aufgebaut, die Einheimischen umgebracht und Sklaven aus Afrika geholt haben. Wo eure Wirtschaft heute noch Rohstoffe zu günstigsten Preisen herausholt. Was ist das für eine Zusammenarbeit? Was sind das für Verluste, die unsere Länder durch den Kolonialismus tatsächlich erlitten haben? Wenn man die verschuldeten Länder heutzutage betrachtet, dann müsst ihr doch auch sehen, dass wir nicht um Mitleid bitten, wenn es um den Nachlass der Schulden geht, nicht um ein gnädiges Eingehen auf unsere Forderungen. Wir erwarten statt dessen einen Akt der Gerechtigkeit, das Begleichen einer historischen Schuld. Es ist wirklich eine Ironie, wenn man die Länder heute Schuldner nennt, die durch die verschiedensten Praktiken der Ausbeutung systematisch an ihrer Entwicklung gehindert wurden. Historisch betrachtet sind wir doch in Wirklichkeit die Gläubiger.

Außerdem hat eure Wirtschaft ganz wesentlich zu unserer Verschuldung beigetragen. Sie hat uns ständig mit so genannten Lock-Krediten in immer größere Schulden gestürzt. Man hat uns über die Entwicklungshilfe günstige Zinsen für die großzügigen Darlehen gewährt. Hier bei uns in Brasilien ist die Hauptstadt Brasilia mitten in der Dürreregion aus dem Boden gestampft worden, nur um unserem Präsidenten Kubitschek ein Baudenkmal zu setzen. Das hat Brasilien in große Schulden gestürzt. Eure Banken haben mit günstigen Krediten, die lange Zeit gar nicht zurückgezahlt werden und erst später getilgt werden mussten, dazu beigetragen, dass dieses Milliardengrab ausgehoben wurde. Eigentlich hätte das schöne Rio de Janeiro Hauptstadt bleiben sollen, aber da wir das Geld von euch so günstig bekamen, war das eine große Verlockung für unseren damaligen Präsidenten.

Ihr verkauft über die Entwicklungshilfe und mit günstigen Krediten Schiffe an Länder in Afrika, die gar keinen Hafen besitzen. Ihr habt Diktatoren große Flugzeuge geschenkt, wofür dann von euren Ingenieuren Flughäfen gebaut wurden, damit sie mit diesen großen Flugzeugen in ihre Heimatdörfer fliegen konnten. Und dann macht ihr euch über diese Despoten in Reportagen lustig. Dabei habt ihr sie selbst bezahlt und mit viel Geld überhaupt auf die Idee zu solchem Unsinn gebracht. Das Gleiche gilt für die großen Staudammprojekte, die ihr unterstützt und mitfinanziert habt. Ihr nennt diese unsinnigen Projekte in euren kritischen Medien dann „Weiße Elefanten". In den üblichen Fernsehberichten zur Nachrichtenzeit werden nur Entwicklungshilfeprojekte gezeigt, die uns zu Fortschritt, Stromerzeugung und Bewässerung verhelfen sollen. Alles das wird zu üblichen Sendezeiten herausgestellt. Abends spät kann man auf kritischen Sendern sehen, dass es um Projekte geht, die euch zwar sehr viel Gewinn bringen, uns aber in immer größere Schulden stürzen und den Menschen auch noch schaden. Bei den großen Staudammprojekten sind die Menschen oft gar nicht berücksichtigt worden. Sie wurden meist ohne Entschädigung durch das aufgestaute Wasser vertrieben.

Wir hier in Brasilien sehen sehr genau hin, wenn ihr über

... und immer, wenn er wieder zu seiner Hacke greifen will, geben Sie ihm noch einen kleinen Nachschlag!
NAHRUNGS-MITTEL-HILFE
MISTER

den Jangtse-Stausee in China berichtet. Da übt ihr, sicherlich zu Recht, große Kritik, und es gibt viel zu hinterfragen. Denn so ein großer Stausee, das wissen wir aus eigener Erfahrung, bringt für die Menschen, die umgesiedelt werden müssen, große, schmerzhafte Veränderungen und zieht große ökologische Probleme nach sich. Bei uns erstreckt sich der Wasserspiegel des großen Sobradinho-Stausees auf einer Fläche, die einmal von 120.000 Menschen bewohnt wurde, die dort lebten, sich versorgten und umliegende Städte sogar mit Nahrungsmitteln belieferten. Seit es den See gibt, sind sie in eine Dürrelandschaft vertrieben worden oder in die Slums der Großstädte. Darüber wurde bei euch ausgewählt nur abends spät berichtet. Der Jangtse-Stausee in China jedoch ist ein Thema auf allen euren Kanälen. Warum ist das so? Wir beobachten schon seit langer Zeit, dass kritischer berichtet wird, wenn es um Länder geht, die, wie China, nicht in euer System passen. Dann ist es für Journalisten sehr lobenswert, noch mehr und noch Kritischeres in die Medien zu bringen. Wenn es aber um kapitalistische Partnerländer wie Brasilien geht, dann wird alles unter den Teppich gekehrt. Uns tut so etwas sehr weh. Denn wir hätten eure Aufmerksamkeit gebraucht, als es darum ging, Menschen zu retten, die durch den Stausee Sobradinho am Rio San Fransisco im Nordosten Brasiliens ins Elend gestürzt wurden. Das haben wiederum nur einige wenige gemacht, die ihre Insiderinformationen aus den kritischen Medien entnommen haben.

Und eines sagen wir euch: Wenn ihr die beiden Stauseen einmal vergleicht, dann sieht man, dass die Menschen beim Jangtse-Stausee wenigstens umgesiedelt wurden. Sie bekamen wieder eine Wohnung, sie bekamen wieder eine Möglichkeit, Fuß zu fassen, auch wenn es oft schmerzlich war und die neuen Lebensbedingungen nicht immer gleichwertig waren. Bei uns hier bekamen die Menschen in der Regel gar nichts. Nicht einen Cent Entschädigung. Sie waren Flüchtlinge im eigenen Land, wie wir das hier publizieren. Warum regt euch so etwas nicht auf? Warum gibt es nicht mehr Analysen, die diese eklatanten Widersprüche endlich einmal knallhart aufzeigen? Ihr müsset doch auf die Barrikaden gehen, da ihr zu Recht so stolz auf eine freie Berichterstattung seid? Aber ist das frei, wenn durch die Sendezeiten derart vorsortiert und manipuliert wird, dass es für die Intellektuellen ganz anderes dargestellt wird als für die breite Masse, der man auch etwas geben muss, um ihren Wissensdurst zu stillen? Könnt ihr das auf Dauer ertragen? Wir denken nicht. Denn eine Demokratie lebt davon, dass alle informiert sind, damit sie aufgrund der Informationen richtig entscheiden können. Ansonsten funktioniert Demokratie nicht. Das haben wir von euch gelernt. Aber leider bekommen wir das im täglichen Leben von euch nicht bestätigt. Wenn wir eure Parteien so anschauen, die sich ja alle auch mal zur Entwicklungshilfe äußern, so hätte man doch bei diesem Spektrum eine gute Voraussetzung für eine effektive Entwicklungshilfe. Wir finden aber, dass eure Entwicklungshilfe weder christlich, noch sozial, noch liberal, noch ökologisch ist. Dabei habt ihr so viele kluge Leute, die die Entwicklungshilfe wirklich kritisch betrachten und fordern, dass sie grundsätzlich anders angesetzt wird. Wirklich bei den Ärmsten der Armen, und dass sie eine nachhaltige Entwicklung fördert.

Kritische Stimmen sagen, dass Entwicklungshilfe nicht zum Trojanischen Pferd werden darf. Dieser Vergleich gefällt uns. Die Geschichte von den Griechen, die ihre Soldaten im Inneren eines hölzernen Pferdes in die Stadt schmuggeln, um die Stadt zu erobern. Diese wunderschöne alte Geschichte betrachten manche als Symbol für die Entwicklungshilfe. Sie haben Recht, und wir sehen das genauso. Ihr habt eure Wertvorstellungen im Kopf, kommt mit eurem Lebensstil, mit eurer Weltanschauung, wollt uns helfen, aber im Grunde genommen will man seine wahren Interessen durchsetzen, man will an unsere Rohstoffe, will uns politisch kontrollieren. Das war im Ost-West-Konflikt bei den Supermächten so und ist heute bei der Rohstoffsicherung nicht anders geworden. Wir in Afrika haben auch Wissenschaftler, die dazu einiges sagen können. So zitiert ihr gerne unseren Präsidenten. Der afrikanische Historiker Ki-Zerbo sagte einmal: „Man kann nicht etwas entwickeln, etwas kann sich nur selbst entwickeln. Würdet ihr doch diesen Satz endlich ernst nehmen. Dann würdet ihr verstehen, dass die beste Entwicklungshilfe die wäre, uns in unserer eigenen, eigenständigen Entwicklung nicht weiter zu stören."

Voller Interesse haben wir eine Sendung über den wunderbaren Schriftsteller Erich Fromm gesehen, der etwas zum Thema Entwicklungshilfe sagte, was uns sehr gefallen hat. Er sagte, wenn er sieht, was um der guten Sache willen alles geschieht, dann wäre er froh, wenn es keine gute Sache gäbe. Also: Kritik gibt es genug an dem, was ihr tut, sogar von angesehenen Leuten, die ihr mit Preisen überschüttet. Aber ihr handelt nicht danach. Und das ist etwas, was wir gar nicht verstehen können. Denn: Wie kann man so viel wissen und so wenig tun? Oder, besser besagt: das Falsche tun? Die Menschen auf der ganzen Welt, das hören und sehen wir in den Berichten über Armut bei euch und das erleben wir, wenn wir bei uns in der Dritten Welt aus dem Fenster schauen, wollen doch wohl alle dasselbe. Das sagen Entwicklungshelfer, die bei uns waren, und das sagen Menschen von uns, die bei euch waren. Und das bringt ihr sogar manchmal auch in euren Reportagen. Darüber gibt es auch eine ganze Menge im Internet. Diese Menschen, ob bei euch oder bei uns, wollen nur friedlich leben, sie wollen etwas zu essen haben, sie wollen ein Dach über dem Kopf und Kleidung. Sie wollen Bildung und Arbeit, um das zu erreichen, und vor allem ihre Menschenwürde. Aber: bei euch und auch leider bei uns gibt es viele, die das verhindern wollen. Die immer mehr besitzen wollen und denen es nicht reicht, genug zum Leben zu haben. Die, global gesehen, vor lauter Gier eine Umverteilung in Gang setzen, die so viele Opfer fordert. Solche Aussagen habt ihr in den Medien, solche Aussagen haben wir bei uns. Dass es bei der Ungerechtigkeit bleibt, macht uns so traurig.

Wir hier denken immer, dass ihr mehr Möglichkeiten habt, das umzusetzen. Und ihr müsstet auch an erster Stelle aktiv werden, eben weil ihr die Möglichkeiten dazu habt. Ich habe als

Bischof hier in Brasilien einmal gesagt: Wir, die Armen an der Basis, sind doppelt betroffen. Wir werden unterdrückt von den Reichen im eigenen Land und auch vom Ausland, von den Profiteuren, aber wir können uns nur von den Reichen im eigenen Land befreien. Gegen das Ausland können wir uns allein nicht wehren. Da müsstet ihr uns schon helfen, ihr dort in den Industrieländern. Und das, was ich jetzt gesagt habe, wurde auch erst abends spät bei euch in Deutschland im Fernsehen gebracht. Und was ist passiert? Einige wenige haben dies zum Anlass genommen, um uns zu helfen. Aber diejenigen, die an den Schalthebeln der Macht sitzen, die hören nicht einmal hin.

Minister im Container

„Wenn wir eure Talkshows sehen, dann erinnert uns das an unsere Palaver, die von euch so belächelt werden. Dabei gibt es doch einen gravierenden Unterschied: Ihr kommt in den Talkshows nie zu einem Ergebnis, wir hingegen palavern nach afrikanischer Tradition so lange, bis wir uns einig sind."

Taxifahrer in Mosambik

Wenn man durchs Internet surft oder bei euch durch die Programme zappt und nach Kulturellem Ausschau hält, so stellt sich unweigerlich die Frage: Was ist für euch Kultur? Sind es die Opernaufführungen, die ihr im Feuilletonteil erwähnt, die großen Partys auf Mallorca, bei denen Jugendliche sich ins Koma saufen? Dinge, die man immer wieder sieht. Entsprechend der Anzahl der Beteiligten gibt es ja wohl nur eine Antwort: Der Schwerpunkt liegt auf der Loveparade, auf Musikevents, auf Big Brother. Letzteres meint die Menschen, die sich in Container sperren und rund um die Uhr dabei filmen lassen, um im Fernsehen beim Duschen oder in ihren Betten gezeigt zu werden, was wir hier vollkommen pervers finden. Dann gibt es noch die vielen kitschigen Seifenopern mit hunderten von Folgen, die solch schreckliche Titel haben wie: Dick, na und? Oder: Ich geh fremd, was soll's?

Deutsche Geistesgröße mit sechs Buchstaben, der zweite ein O...
Bohlen!
J.W. GOETHE
1749 Frankfurt
1832 Weimar
J.C.F. SCHILLER
1759 Marbach
1805 Weimar
M. LUTHER
D.S. BACH

Wie könnt ihr als Volk der Dichter und Denker eine solche Geschmacksverirrung ertragen? Natürlich ist es die Masse, die genau diese Fernsehproduktionen und Internetdarstellungen haben will. Die Minderheit, die sich auf geistig höherem Niveau unterhält, wird ja immer kleiner. Euer Staat gibt trotzdem sehr viel Geld für die großen Opern- und Schauspielhäuser aus, sodass jede Eintrittskarte mit unendlichen Summen subventioniert werden kann. Aber was sehen wir bei euch im Fernsehen? Kleine Gruppen, die vor Ort Theater spielen, an dem Menschen sich beteiligen und etwas ganz anderes gemacht wird als die dumpfe Unterhaltung, werden kaum unterstützt. So werden diejenigen ausgeschlossen, die üblicherweise die Opernhäuser nicht besuchen, aber trotzdem anspruchsvollere Unterhaltung zu sehen bekommen könnten. Da fragen wir uns hier in der Dritten Welt doch: Ist das so gewollt? Das macht uns Angst. Denn wenn das so wäre, will man bei euch ja quasi die Verdummung. Man will ein dummes Volk haben, das sich leicht regieren lässt, um die Interessen von wenigen, also die Interessen der Reichen und Mächtigen, durchzusetzen. Das sagen bei euch auch Wissenschaftler, das sagen Studien.

Und dann sollen bei euch nur diejenigen aus dem Ausland aufgenommen werden, die ein bestimmtes sprachliches und Wissensniveau haben? Was für eine Arroganz. Bei euch sinkt der Bildungsstand immer weiter in den Keller. Wir meinen damit nicht die Pisa-Studie, nein, wir meinen das Menschliche, das Soziale, das Kulturelle. Da seid ihr auf einem absteigenden Ast, sodass wir uns wirklich große Sorgen um die dekadenten Gesellschaften in den Industrieländern machen. Bei euch gibt es Hunderttausende von Analphabeten. Ihr habt Vorbilder aus dem Showbusiness und dem Sport, wie Dieter Bohlen und Lothar Matthäus, die ganz schlechtes Deutsch sprechen. Aber von uns wird verlangt, dass wir Prüfungen machen, wenn wir zu euch ins Land kommen, wir werden getestet, ob wir gut Deutsch sprechen können. Lernt es doch erst einmal selber. Denn eines ist doch auch klar: In Bayern, einem Land von euch, da spricht man eine Sprache, die wir im Fernsehen sehen und hören, die wir aber nicht verstehen, auch wenn wir am Goethe-Institut Deutsch gelernt haben. Und noch etwas zu der Sprache in euren Medien: Wenn wir uns im Fernsehen oder Internet deutsche Beiträge anschauen, brauchen wir ein englisches Wörterbuch. Ohne das geht es gar nicht mehr. Merkt ihr denn nicht, dass ihr immer mehr englische Begriffe in eure Sprache lasst, für die ihr nicht einmal mehr deutsche Worte findet? Wir können das nicht verstehen. Einerseits seid ihr zu Recht stolz auf eure wunderbare deutsche Sprache und lehrt sie auch in aller Welt in den Goethe-Instituten, andererseits lasst ihr sie völlig unterwandern. Seid ihr immer noch die Verlierer des Zweiten Weltkrieges und lasst euch von den Sprachen der Sieger dominieren?

Essen ist für euch ein großes Stück Kultur. Das erleben wir bei euch im Fernsehen. Nur hören wir gleichzeitig, dass bei euch kaum noch jemand kochen kann. Trotzdem bringen fast alle Sender dauernd Kochsendungen. Ihr lasst also im Fernsehen für euch kochen. So, wie ihr überhaupt euer Leben ins Fernsehen projiziert habt. Alles findet im Fernsehen statt, und umso weniger lebt ihr. Was ist denn mit eurer deutschen Esskultur? Wenn man sich bei euch umschaut, sind es ja nicht die Bratwurst, das Sauerkraut, die Klöße. Nein, da gibt es die feinsten Speisen, die dann im Wettbewerb und unter dem Beifall der Zuschauern gekocht werden. Aber ist das Kultur? Genauso schwer tut ihr euch mit der Musik. Ihr hört die Hitparaden mit vielen englischen Schlagern. Auf der anderen Seite sehen wir Blasmusik aus Bayern, bei der die Musiker in Lederhosen auftreten. Was ist eure Kultur? Wir hier in Afrika glauben, dass der Hamburger von McDonald's eure deutsche Bratwurst längst besiegt hat. Dabei belasst ihr es aber nicht. Ihr bringt diese Unkultur auch noch zu uns. Wir finden, dass sich eine große Einheitskultur der westlichen Industrieländer über uns ergießt. Und niemand fragt, ob wir das überhaupt wollen. Wir sehen ja, wozu dass bei euch führt, eure Kulturlosigkeit, eure Ratlosigkeit. Die Jugendlichen haben keine Ziele, keine Vorbilder mehr. Aber ihr propagiert die Leere als euren Lebensstil und tragt sie auch noch rund um den Globus.

Wann findet bei euch endlich ein Umdenken statt? Natürlich gibt es Leute, die sich der Zusammenhänge bewusst sind, die gibt es immer überall auf der Welt. Wir sehen das auch mit Freuden in manchen Beiträgen. Nur: Warum werden sie nicht ernst genommen und wirklich gehört? Ihr könntet eine so wunderbare Welt haben, wenn ihr nur wacher und interessierter an einem wirklich authentischen Leben im Einklang mit der Natur wärt. Wir könnten viel voneinander lernen. Euch gefällt es, wenn ihr hier im Urlaub seid: die Musik, unsere Ausgelassenheit, unsere Fröhlichkeit, unsere Hilfsbereitschaft. Das habt ihr dann für drei Wochen. Dabei könntet ihr das immer haben.

Wir hier, die Schüler in den Goethe-Instituten in Asien, diskutieren viel über das, was wir in eurem Fernsehen und in Internetbeiträgen von euch zu sehen bekommen. Und wir sind uns einig, dass wir eure Seifenopern am schlimmsten finden und euer Dschungelcamp, wo es um die Bloßstellung von Menschen geht und der Urwald als lebensfeindliche Hölle dargestellt wird. Aber Big Brother, also die Menschen, die im Container eingeschlossen sind, die man bei den intimsten Dingen über unendlich viele Folgen beobachtet, die dumpfen Typen, die ausdruckslos vor sich herbrabbeln, das ist für uns der absolute Tiefpunkt. Und was wir überhaupt nicht verstehen, und das setzt dem Ganzen noch die Krone auf, ist, dass euer heutiger Außenminister diese Menschen, die dort eingesperrt waren und mit ausdruckslosen Gesichtern rumhockten, einmal besucht hat. Er tat es wohl, um viele Wähler zu gewinnen, vor allem vielleicht unter den Jugendlichen. Ein Zeichen dafür, dass der heutige Außenminister damals schon wusste, dass so eine Sendung sehr beliebt ist, und das ist das eigentlich Traurige daran.

Das Komasaufen bei Jugendlichen ist das Nächstschlimmste, der Untergang für Jugendliche, die sich ziellos und ohne Vorbilder zu Tode trinken. Was wir aber auf lange Sicht sehr schlimm finden, sind der Demokratiezerfall und Politiker, die sich nicht

Ich lass' mich nicht verarschen!!
ICH BIN DOCH NICHT BLÖD!
KASSE
GEIZ IST GEIL!
FISCHER
EPSOHN
HANDLE WITH CARE
TECHNIX
DUELL
AEC
SONIE
BEIGE
PHILIPP
GRUN
NORIVA

als Teil der deutschen Kultur empfinden. Sonst würden sie anders handeln, nicht lügen und vieles gegen den Willen des Volkes durchsetzen, weil sie zu Lobbyisten heruntergekommen sind. Die Menschen an der Basis trauen den Politikern nicht mehr und sehen sie auf der Rangliste von angesehenen Menschen inzwischen ganz weit unten. Kürzlich gab es bei euch eine Umfrage, bei der die beliebtesten Menschen ermittelt werden sollten. Da stand ein Fernsehmoderator an erster Stelle. Und ganz weit unten kommen dann irgendwann einmal die Politiker, Literaten und Wissenschaftler. Aber wir lernen davon. Vielleicht können wir euch eines Tages helfen.

Besondere Sorgen macht uns, dass unsere Jugendlichen immer mehr von euren Werbeviren infiziert werden und sich nach und nach dem Konsumrausch ergeben. Spürt ihr das schleichende Gift nicht, dass in Werbesprüchen wie „Ich bin doch nicht blöd" und „Geiz ist geil" steckt? Immer billiger, immer effizienter, egal, ob Mensch und Natur dabei zu Schaden kommen. Und wenn die deutschen Arbeitskräfte nicht mehr weiter ausgebeutet werden können, dann kommt ihr zu uns in die Dritte Welt. Hier findet ihr die Konkurrenten für die deutschen Arbeiter in denen, die für einen Hungerlohn schuften. Was hat das mit Kultur zu tun? Sehr viel! Das ist nicht die Kultur der Opernhäuser, sondern die des täglichen Lebens.

Denn nur so können wir uns in unseren Ländern erklären, dass für euch die Bezeichnungen „Gutmensch" und „Idealist" überwiegend abwertend benutzt werden. Aber so eine Kultur lehnen wir ab, in der „Schlechtmenschen" und „Menschen ohne Ideale" hoch im Kurs stehen, da sie effizient ausbeuten. Wir hier in China sehen die Darstellungen in den globalen Medien über euch mit dem nötigen Abstand, und vielleicht sehen wir deswegen auch im Gesamtüberblick die traurige Rolle eures Bildungsbürgertums besser als ihr selbst. Die Bildungsbürger sind in unseren Augen so etwas wie die Lieblingssklaven eines unmenschlichen Systems, in dem nur Macht und Geld zählen. Die eigentlichen Sklaven, die Habenichtse, habt ihr abgeschrieben. Es ist das Prekariat, wie ihr diese abgehängte Schicht in der Sprache der höheren Bildung bezeichnet.

Das sehen wir in euren Medien mit großer Empfindsamkeit, denn dieses Schicksal kennen bei uns Milliarden Menschen.

Wir diskutieren hier in Peking an der Universität sehr oft über dieses perfide System, in dem es die Reichen gibt, die auf Kosten der Armen ihr verschwenderisches Leben führen können. Und damit alles stabil bleibt, gibt es dazwischen einen Puffer, eine Schicht der Beamten, die dem Staat zur Treue verpflichtet sind, und gut verdienende Angestellte, die für alles einsetzbar sind, da sie ihre Privilegien nicht verlieren wollen. Sie pflegen ein „ gut bürgerliches" Dasein, wie ihr es in den Medien nennt. Sie geben mehr oder weniger gerne Almosen, wollen aber um Himmels Willen nichts grundsätzlich ändern.

Aber es muss sich etwas ändern, sonst funktioniert das Zusammenleben aller Menschen auf unserem wunderschönen Planeten nicht wirklich nachhaltig. Die Konflikte im Umverteilungskampf sind vorprogrammiert, wenn nicht die, die versorgt sind und Zugang zur Bildung haben, endlich eine Kultur der Einmischung leben.

Wir hier in China, im bevölkerungsreichsten Land der Erde, lesen gerne Bücher von Heinrich Böll, eurem großartigen Literaturnobelpreisträger. Und wir nehmen ihn sehr ernst, wenn er schreibt: „Wir wollen die geborenen Einmischer sein, denn Einmischung ist die einzige Möglichkeit, realistisch zu sein". Seid stolz auf euren berühmten Schriftsteller und nutzt die – wenn auch oft unbequemen – Möglichkeiten als Bildungsbürger, um „die Wirklichkeit aktiv zu beeinflussen", wie Böll es so wunderbar ausdrückt. Dann haben wir alle gemeinsam eine Chance, seinem Bild einer Lebenskultur näher zu kommen, in der „Gerechtigkeit schön ist".

Im Dschungel der Vorurteile

„Jeder von uns sucht sich in seelischen Zonen zu bewegen, die ein gewisses Maß an Geborgenheit und Angstfreiheit gewähren. Daher entwerfen und bewerten, verdrängen und beleuchten wir unsere Realität jeweils so, dass wir uns sicher und beheimatet fühlen können."

Erhard Meueler

Vorurteile sind so alt wie die Menschheit. Ihre wesentliche Funktion ist es, das „Wir" vom „Anderen" abzugrenzen. Dies kann zum Konsens, aber auch zu Aggression führen. Die kulturelle Verschiedenartigkeit ist die grundlegende Überlebensgarantie für die Gattung Mensch, so die Verhaltensforscher und Biologen. Es geht also nicht um die Angleichung, um den Abbau von kulturellen Unterschieden, sondern vielmehr um die Erhaltung kultureller Eigenständigkeit. Ländern der Dritten Welt ist dieses Recht auf Unterschiede vielfach genommen worden. Nicht zuletzt, um den Zugriff auf Land und Menschen zu rechtfertigen, bauten die Mutterländer der Kolonien den Mythos des „Wilden" auf, den es zu zivilisieren, zu missionieren, zu beherrschen galt. Eigenständige Kulturen der Völker in Afrika, Asien und Lateinamerika mussten zerstört werden, da sie nicht

D U M
N N P
I S

in das Bild der Eroberer passten. Diese Zwangszivilisation raubte den Menschen ihre eigenen Wertvorstellungen, so dass heute eines der größten Probleme der Dritten Welt die schwierige Suche nach der eigenen Identität ist.

Mehr Toleranz und Abbau von Vorurteilen unsererseits, Achtung vor anders begründeten Lebensformen wären schon viel, um den Istzustand der Beziehungen nicht noch zu verschlechtern und somit den Selbstfindungsprozess der Völker in der Dritten Welt zumindest nicht noch mehr zu behindern.

Im Zeitalter des Düsenverkehrs, in dem Entfernungen auf einige Flugstunden zusammengerückt sind und deshalb Menschen verschiedener Kulturen sich näher kommen, liegt es nahe, auf Vorurteile, die in den Beziehungen zwischen Menschen hier und dort eine Rolle spielen, aufmerksam zu werden.

Doch nicht nur als Ferntourist im dreiwöchigen Urlaub, sondern im alltäglichen Leben bei der Arbeit, in der Nachbarschaft und in der Kneipe erleben wir das Spannungsfeld zwischen den Kulturen, wie z.B. im Kontakt mit ausländischen Mitbürgern. Sie wurden als Arbeitskräfte in die Bundesrepublik geholt, um dem bundesdeutschen Wirtschaftwunder zu dienen. Die zunehmende Arbeitslosigkeit trägt dazu bei, Vorurteile, die im Nichtverstehen fremder Kulturen begründet sind, aus einem Konkurrenzdenken heraus zu verstärken. Gerade weil diese Probleme weder von den Gastarbeitern noch von uns hervorgerufen wurden, sondern aus Wirtschaftsinteressen resultieren, gilt es, die Ursachen der Eskalierung dieser Vorurteile zu erkennen und zu verhindern.

Neben diesen Berührungspunkten zwingt die wissenschaftlich-technische Entwicklung dazu, unabhängig von Weltanschauungen und politischen Systemen die Welt als eine Einheit zu sehen. Wirtschaftliche und politische Verflechtungen, Kriege, ungerechte Weltmarktpreise, die Suche der Industrieländer nach Märkten in der Dritten Welt, die damit verbundene Überstülpung unserer Lebensweise, kurzum der Nord-Süd-Konflikt, zwingen uns, wie immer wir dies beurteilen, zur Auseinandersetzung mit der Dritten Welt.

Die Medien berichten darüber, bringen uns den „Dschungel ins Wohnzimmer". Gefährlich sind nicht nur die oft verzerrten bis falschen Meldungen in den Medien, sondern insbesondere die fehlenden Informationen. Das Zusammenspiel von veröffentlichten und unterdrückten Nachrichten und der Ersatz wichtiger Nachrichten durch irrelevante Meldungen ergeben zusammen die Verzerrrungen, die für das unterentwickelte Bild von der Dritten Welt verantwortlich sind. So tragen die Medien zur Vorurteilsbildung bei. Der dem Abendland eigene Ethnozentrismus – sich selbst zum Maßstab der Entwicklung zu erheben – bildet die Grundlage zur Vorurteilsbildung gegenüber der Dritten Welt. Er haftet nicht, wie gerne behauptet wird, einzelnen Individuen, sondern unseren Kulturen an und ist deshalb auch nicht leicht überwindbar, da es unseren ethnozentristischen Glauben an Wachstum, Fortschritt und Wissenschaftlichkeit zu überwinden gilt.

Vorurteile äußern sich in bewertenden Urteilen, in Einstellungen und Meinungen und in Handlungen. Als ein normatives Gebot definieren sie, in welcher Weise Mitglieder eine Gruppe sich in Verhältnis zu Mitgliedern ausgewählter „Außenseiter" verhalten sollen. Dabei lässt sich das ethnische Vorurteil gegenüber anderen Völkern und Menschen anderer Hautfarbe als eine Antipathie umschreiben, die sich auf fehlerhafte und starre Verallgemeinerungen gründet.

Dass auch Majestäten vor solchen Verhaltensformen nicht gefeit sind, zeigt das Beispiel der historischen Hunnenrede von Kaiser Willhelm II. bei der Verabschiedung deutscher Truppen im Frühjahr 1900, die zur Niederschlagung des Boxeraufstandes in China eingesetzt werden sollten:

„Ihr wisst es wohl, Ihr solltet fechten gegen einen verschlagenen, tapferen, grausamen Feind. Kommt Ihr an, so wisst: Pardon wird nicht gegeben. Gefangene werden nicht gemacht. Führt Eure Waffen so, dass auf tausend Jahre hinaus kein Chinese mehr es wagt, einen Deutschen scheel anzusehen. Wahrt Manneszucht, der Segen Gottes sei mit Euch, die Gebete eines ganzen Volkes. Meine Wünsche begleiten Euch, jeden einzelnen. Öffnet der Kultur den Weg, ein für alle Mal! Nun könnt Ihr reisen! Adieu Kameraden!"

Die Hunnenrede macht deutlich, dass die Diskriminierung anderer Gruppen und die daraus abgeleiteten Rechtfertigungen für eigenes Handeln immer wieder eine unheilvolle Kausalkette bilden, sowohl im politischen Bereich als auch im Alltagsleben. Wie weit sich ethnische Vorurteile in Gegen- und Vernichtungshaltungen steigern konnten, hat uns der nationalsozialistische Rassenwahn vor Augen geführt. Hier erlebte der Antisemitismus als ein besonders verhängnisvolles Kardinalbeispiel für Vorurteile überhaupt seinen grausigen Höhepunkt. So vereinigten sich die Latenz eines alltäglichen Rassenvorurteils mit dem politischen Kalkül eines programmatischen Antisemitismus zu der Katastrophe einer ethnischen Massenvernichtung.

Regierungen lenken gerne von Problemen im eigenen Land ab, indem sie Feindbilder von Fremden aufbauen. Das praktizierte Kaiser Wilhelm II. ebenso wie Adolf Hitler. Diese Tradition ist in Deutschland nach dem 2. Weltkrieg fortgesetzt worden mit dem Feindbild Kommunisten. Als sich der Ost-West-Konflikt beruhigte, musste ein neues Feindbild gefunden werden. Die Terroristen des Anschlages vom 9.11.2001 auf das World Trade Center in New York schufen für die westlichen Industrieländer die Grundlage für eine gnadenlose Verlagerung der Schuld auf alle Muslime, ob ausgesprochen oder nicht. Nun werden Vorurteile geschürt, die das Feindbild Muslime stärken.

Trotzdem oder vielleicht gerade deswegen gibt es aber auch eine Gegenbewegung in der deutschen Bevölkerung, die im Fremden eine Bereicherung des eigenen Lebens sieht. Jean Malebranche, in Haiti geboren und seit drei Jahrzehnten in Deutschland lebend, drückt es so aus: „Das Fremde in diesen Menschen ist nichts anderes als ein weiteres Gesicht der Schöpfung."

Durch die Darstellung der Sichtweisen der Gesprächspartner in diesem Buch, die zweifellos Vorurteile enthalten, haben wir vielleicht eine Chance, unser allgemeines Bild vom Fremden bezüglich unserer eigenen Vorurteile zu hinterfragen. Dann kämen wir dem Wunsch von Jean Malebranche näher, der in Haiti wie in Deutschland fremd und zu Hause ist: „Gehen wir aufeinander zu und lernen wir durch andere die Welt besser kennen. Wie attraktiv könnte das Fremde sein."

Über den Autor

Siegfried Pater, geb. 1945 in Thum / Erzgebirge, Freier Journalist, Buchautor und Filmemacher, lebt in Bonn.

Studium der Vermessungstechnik und Volkswirtschaft. Er war Entwicklungshelfer in Brasilien, danach Mitglied des Verwaltungsrates des Deutschen Entwicklungsdienstes (DED), Gründungsmitglied zahlreicher entwicklungspolitischer, ökologischer und kultureller Institutionen wie Heinrich-Böll-Stiftung, Informationsstelle Lateinamerika (ila), Bundeskongress entwicklungspolitischer Arbeitsgruppen (BUKO).

Über dreißig Recherchereisen nach Brasilien, Kuba, Mosambik, Bangladesh, Nepal und China.

Als erster Europäer erhielt Pater den von den „Stiftung des Ostens" ausgelobten „Preis für Kultur und Umwelt".
Für sein vielfältiges Engagement für eine gerechte Welt wurde er 2003 mit dem „Oscar-Romero-Preis" ausgezeichnet.

Siegfried Pater hat zahlreiche Bücher zu medizinisch-ethischen, ökologischen und entwicklungspolitischen Themen geschrieben.

Informationen über Bücher, Filme und Veranstaltungen:
www.siegfried-pater.de sowie www.retap-verlag.de